The lost art of closing winning the ten commit

成交之书

赢得客户承诺的十项法则

[美] 安东尼·伊安纳里诺 著   郝美娟 译

文化发展出版社
Cultural Development Press

图书在版编目（CIP）数据

成交之书：赢得客户承诺的十项法则 ／（美）安东尼·伊安纳里诺著；郝美娟译. -- 北京 ：文化发展出版社，2020.4

书名原文：The lost art of closing
ISBN 978-7-5142-2968-4

Ⅰ．①成⋯ Ⅱ．①安⋯ ②郝⋯ Ⅲ．①销售－方法 Ⅳ.①F713.3

中国版本图书馆CIP数据核字(2020)第03935号

版权合同登记号 图字：01-2019-7505
Copyright © 2017 by Anthony Iannarino

成交之书：赢得客户承诺的十项法则

[美] 安东尼·伊安纳里诺 ／ 著
郝美娟 ／ 译

出 版 人：武 赫	策划编辑：周 蕾
责任编辑：周 蕾	责任校对：岳智勇
责任设计：郭 阳	责任印制：杨 骏

出版发行：文化发展出版社（北京市翠微路2号 邮编：100036）
网　　址：www.wenhuafazhan.com
经　　销：各地新华书店
印　　刷：嘉业印刷（天津）有限公司
开　　本：710mm×1000mm　1/16
字　　数：185千字
印　　张：14
印　　次：2020年9月第1版　2020年10月第1次印刷
定　　价：49.80元
ＩＳＢＮ：978-7-5142-2968-4

◆ 如发现任何质量问题请与我社发行部联系。发行部电话：010-88275710

致挑拨者、煽动者、促进者还有变革推动者。
你们让世界变得更美好。

目 录

前言　/　007

序——向读者致歉　/　011

介绍　/　013

Chapter 01
　　获得承诺的新哲学　/　029

Chapter 02
　　控制承诺和过程　/　039

Chapter 03
　　交换价值　/　051

Chapter 04
  时间的承诺　／　061

Chapter 05
  探索的承诺　／　075

Chapter 06
  改变的承诺　／　091

Chapter 07
  合作的承诺　／　103

Chapter 08
  达成共识的承诺　／　113

Chapter 09
  投资的承诺　／　125

Chapter 10
  回顾的承诺　／　139

Chapter 11
  化解疑虑的承诺　／　149

Chapter 12
  决定的承诺　／　161

Chapter 13
　　执行的承诺　/　171

Chapter 14
　　成交指导　/　181

Chapter 15
　　如何化解客户的疑虑　/　193

Chapter 16
　　管理的承诺　/　203

Chapter 17
　　结束语　/　213

致谢 / 220

前言

在我们对客户的观察中,最重要的发现或许是关于一种典型的企业对企业的电子商务模式(business to business,下文简称B2B),它的购买方式越来越复杂。尽管B2B的专业营销人员经常感叹销售手段越来越复杂,但是如今更大的挑战不是销售商品,而是购买商品。

很多人对这种结果感到很震惊。如果说现在和过去有什么不同,现在的客户似乎比任何时候权力都要大。如今获取信息很便捷,客户不用会见任何推销员或者打电话询问,自己就可以对很多供应商提供的选择进行挑选。与此同时,客户自己可以从同事那里获取很多帮助,找供应商谈判的时候就能更加坚定并有底气,势必能获取更多利益。事实上，我们经常把这种现象称为"世界给你更多"。如果你在这种环境里进行销售，客户自己就懂得如何给供应商施加压力、讨价还价，哪里还需要你的帮助。

但是如果我们暂时放下销售的身份，与客户进行换位思考，就会发现购买的大环境并没有改善。在最近对B2B购买模式的调查中，我们总是发现同样的主题。在过去的几年中，这种情况达到了一个临界点——尽管客户拥有更多的信息和选择，但是有效信息却被太多的选择和人给快速淹没了。例如，我们发现B2B的解决购买方案通常需要至少6.8个客户利益相关者。由于信息获取越来越容易，可选方案的范围也越来越大，大家都在选择和思考，购买的过程很可能就慢慢终止了（或许会导致买卖失败）。客户落入无止境的学习圈，每一条额外的信息都会引起新的问题，需要更加深入的调查。选择越多，想法越多，就像巴里·施瓦茨说的"两难之选"，使客户在不同选择之间左右为难。而规模越来越大、各有优先考量的采购团体，就连取得下一步的共识都很困难，更不用说是最终的购买决定了。

最后的结果往往导致挫败感、疲惫、妥协以及浪费时间，而且是大量的时间。在我们最新的调查中，65%的客户告诉我们，他们花在刚开始联系供应商的时间，已经相当于他们原先预计整个采购过程要花的时间。也就是说,并不是销售员无能导致的进程缓慢,而是客户自己对买不买踟蹰不定。然而,买卖进程缓慢的话,供应商和客户都需要付出同等代价。

许多B2B供应商告诉我们,如今他们的头号竞争对手不是竞争,而是现状。对于所有专业销售员来说这里面都有可以学习的地方。销售成功的捷径在于安东尼·伊安纳里诺说的"以客户为中心"的销售理念。尤其重要的是,**和客户合作,预测购买过程中可能出现的困难,然后保证在每个购买环节都有能力解决好困难,继续向前**。

这就是销售里面的新式"成交"。**不是一次就做成买卖,而是在每个必要的环节与客户达成协议,以免"购买延缓"**。正如安东尼所说的,"成交不是一件单一的事件,而是一系列的事件……成功控制好每个事件,对到达下一步至关重要"。

在这些重要的时刻,如何才能获得客户的承诺呢?这就是本书将要阐述的内容。尽管在很多方面,成交的艺术并没有丢失。然而,**本书要阐述的是一种全新的艺术——在购买的过程中,在十个重要的时刻赢得客户的承诺,有技巧地结束一个步骤,然后才好进行下一步**。

本书旨在解决销售中遇到的挑战,提供实际的帮助和解决办法，安东尼创造了一种有价值的指导方案，一步步教你怎么做，肯定能为所有销售员赢得更多生意增加概率。我们认为这本书很精彩，相信你也会。

布伦特·亚当森与尼古拉斯·托曼

《挑战者客户》的共同作者

序

——向读者致歉

如果你读过我的上本书，此刻估计你要对自己说，"你之前不是才跟我说《你唯一需要的销售指导》是我唯一需要的销售指导书吗？"

你压根没想到我还会写另一本书，是不是？

《你唯一需要的销售指导》是一本指导销售的书籍，内容全面，现在就不是了吗？如果你按那本书里面的指导做的话，无疑会做出一番成绩。但是销售是一个复杂的、多元的人际交流活动，如果你有进取心，可以做出更多成绩。

所以事实上，我写这本书很有必要。

对于成交的观念已经发生巨大改变,以至于过去写的东西皆未考虑到销售的新现实。若要创造和赢得新机会,"成交"这个词仅代表你需要得到的众多承诺中的一个。现在,很多人都跟销售员提建议说"永远不要急于求成交",事实上你需要在销售的过程中获得至少十个承诺,或许更多。

回顾以前,关于成交的书籍都认为最后一步是销售中最难的部分,这些书都主张你需要各种技巧花招来达成交易。现在,最后的承诺反而成了比较容易获得的承诺之一。需要我们费心琢磨的是要作出最终决策我们需要获得的所有承诺。

很多优秀的销售员都在努力达成自己想要的结果。太多的销售组织吹牛说自己有大把的机会,其实这些机会都很差劲,压根称不上是机会。更糟糕的是,现在仍有江湖骗子和未经实践的理论家提出那么多馊主意,这让我无法继续坐视不理,袖手旁观了。

请原谅我又写了另一本销售指导书籍,但是你绝对需要。在你阅读了此书并付诸行动之后可能会因此感谢我。

这是一本为专业销售人员写的如何达成交易的书籍,那些旧的成交书籍可能对他们再也没用了。对于一个现代的销售员来说,此书堪比金克拉的《成交的秘密》、博恩·崔西的《成交的艺术:在专业销售的世界里如何更快地获得更多钱》。

如果这本书对你有用,而且你不需要其他的指导了,我们能向前一步——提升你达成交易的能力吗?

介绍

那时，我正在和我成立不久的摇滚乐团"恶名"排练表演一些节目。当时我21岁了，终于想办法存钱买了一个非常棒的PA调音系统。为了设法运输我的新设备，我开车到哥伦布，俄亥俄州最大的卡车交易所去寻找一辆小型货车来拖运我的设备。

我刚把车子停进停车场，一个销售员就立马朝我走来。他看起来不是很有攻击性，还算友好。他问我在找什么车，我的预算是多少，于是我告诉他我每月愿意支付多少钱。然后他陪我去了一个大型的汽车卖场，可能会让我找到自己满意的车子。在看了一些车子之后，我选了一辆拖得下我的装备的车子，价格我也能轻松承受。我还是小孩子的时候开过各种卷轴机，所以这将是我开过的第18辆或者第19辆车子，但是却是我新买的第二辆车子。（我第一次开的是辆67年的野马，然后是辆71年的丘达巴拉，68年的雷鸟，一辆破旧的科威尔，一辆70年代的诺瓦，一辆旧奥帕尔，一辆破旧的卡马洛，一辆83年的特兰斯AM，还有许多车子我想不起来了。当你只买得起一辆便宜的旧车时，你会快速地更换掉这些车子。）

这时销售员开始了日常工作，他说："我们可以尽量满足你的要求。"他交给我一个工作表，上面的价格比我之前提到的只高了一点。表格上面没有其他的数字，只有月供。我觉得还得再商讨一下，所以我让他把表格做得更详细一点。

销售员去和经理商量了一下，然后他们一起出来了。销售经理说："如果我能帮你找到你想要的月供价格，你能在这里签字保证会买吗？"我说："对，但是先得让我算一下。"

我把每月要交的月供钱数乘以四年的时间。

"所以你们要我为这辆车子付的钱是每月的月供乘以48个月，然后再加上利息，是吗？"

销售经理更正我说："不，是72个月。"

我很震惊地说道："我不可能为了买辆车子还上6年的贷款，等我还清债务的时候都已经28岁了！"销售经理不为所动："听着，现在大家都是这么买车子的。你想要最低的月供，就要还上72个月的贷款。"

我明白了，他就是想占我便宜。

"那我不买了。"我说道，拿起我的车钥匙就准备出去。

销售经理站起来堵住了门，说道："你不买车子，我就不让你离开这儿。我要看你开着新车离开。"

我被气得说不出话来，肾上腺素激增，感觉浑身都火冒三丈，想要揍人了。我知道他们是在恃强凌弱，我最看不惯这档子事，即使跟他们干一架我也不会妥协。我大步朝门走去，怒视着经理，吼道："让开！我绝对不会跟你买车子！"

他犹豫了一下，然后让开了。

当我走远时，他还在吼道："我是真想看你开着那辆小型货车离开！"

没门。

那是我第一次在销售员的帮助下买大件，这次不愉快的经历让我下决心，无论怎样我都不可能当个销售员。

即使那个销售经理还没过分到堵着门不让我走，他肯定也知道这样行不通。他明知道自己的要求会被我拒绝，还要我买下来，尤其对我来说还是一次比较大而复杂且有风险的交易。当他再次要求的时候——在销售界这叫作"催促成交"——他辜负了我的信任，也搞砸了自己的生意。这才是真正的"死亡之吻"。

成交才是最终目的

以自我为中心的销售员总是注重做成生意，拿到佣金。正因如此，他们总是要求客户承诺会买东西，即使他们还没有得到这个权利，没有为潜在客户创造足够的价值，或者为客户提供足够的信息让他们甘愿做出承诺。他们忽略潜在客户真正的需求，只是要求客户签名画押。其中一些销售员甚至为了和客户增进关系而告诉他们自己做成这笔生意会得到的奖金，或者做出"如果无法成交就会被炒鱿鱼"的苦肉计。他们都在讲自己，而根本没有关心客户。不出意外，这些销售员的潜在客户会不惜一切远离他们。

从20世纪30年代开始到20世纪80年代，销售员都被训练成以自我为中心的人。这并不难办到，因为销售组织都倾向于雇用以自我为中心的利己主义者。他们甚至会学习一些"强行推销"的技巧，或者用一些"约束"策略，比如，"史密斯先生，你爱你的妻子吗？"当史密斯先生回答"是"的时候，销售员就会继续问道："你爱你的孩子吗？"当史密斯先生回答他爱自己的孩子后，销售员就准备行动了。已经连续得到了两个肯定回答，感觉客户已经被自己控制住了，销售员会继续问另一个问题，需要客户肯定回答，比如，"史密斯先生，如果你发生了什么意外，你也希望自己的妻子和孩子得到照顾吧？"史密斯先生这时候对自己和销售员都感觉到很糟糕，也被这些问题弄得很尴尬，于是迫于压力便会小声回答，"是的"。销售员这时候就会以一句话结束这场交易，"只要你在这里签个字，我们就能照顾好你的家庭"。

幸运的是，现在已经很少有销售员会用强行推销的方式了，虽然还有一些自私自利的推销员坚持这么做。因为这些不良行为，法律甚至规定如果有买家迫于高压手段达成一些生意，三天之内可以取消交易。今天，如果你买大件比如汽车，可能会需要签订一份文件表明你不是以任何方式被销售员或者销售过程强迫买下来的。代理商也希望你能签订协议保护合同，以免之后你又说自己是被迫的。但是销售员的形象仍然很负面，比如自私自利，控制别人，咄咄逼人——尽管成功的销售员恰恰相反。

我是如何成为推销员的

本来我和大多数人一样，只要有可能都不想干销售员的工作，因为我认为销售员都比较咄咄逼人，控制欲强，自私自利。我从没想过自己有一天会进入销售行业——如果没有人推我一把的话，我可能终身也不会踏出这一步。

我的职业生涯起始于一份干招聘的临时工作，那是我的家族事业，当生意清淡的时候我就要去寻找新的客源。后来，我被调到了另一个部门，如果没什么工作的话，我就会去找一些其他事做，家里人都是这么教我的：我会花时间给别的公司打电话，安排会面，然后去见他们公司的人，最后（希望很大）赢得生意机会。当时我还没意识到自己在做的事就是销售。我的工作职位和职责都和销售员没有半点关系，而且我的同事中就有三个销售员。我只觉得我在给需要的人提供帮助。

有一天，我的新任经理走到我的座位前，放了一份报告到我桌上。

"这是谁的客户？"他问。

当我告诉他这是我的之后，他回答："难以置信！我希望你把头发理一下，然后转做全职的销售员。"

我惊恐万分。我做那份工作就是为了晚上能够去看重金属摇滚乐队演出。

剪头发的主意已经够糟了,但是做一个销售员简直让我无法忍受。

"我绝对不会去当一个销售员的,"我告诉他:"我恨透了销售人员自私自利、控制别人、咄咄逼人,我不擅长干这种事情。"

我的经理很聪明,立马用我自己的话来怼我:"你就是通过咄咄逼人和控制别人来赢得你的客户的吗?"

我的经理是对的。我并不是通过咄咄逼人和控制欲来赢得我的

你妈妈是怎么推销的?

有一次,我在俄亥俄州哥伦布的首都大学教授一门个人销售的课程。上课之前,我让学生说出描述销售员的词汇,他们的回答让我确信人们仍然对销售人员存有偏见。我总能在白板上写出这些词汇,如"咄咄逼人""控制欲强""自私自利""见钱眼开""老奸巨猾""巧舌如簧"等。

然后我会请父母从事销售工作的同学举起手来。通常会有20%或者更多的人举手。我继续单个找同学问他的父母之中谁在做销售,然后等待某人说道:"是我的母亲。"

然后我便回答:"好,那么请告诉我你咄咄逼人、自私自利、控制欲强的妈妈卖的什么。"

其他人哄堂大笑,被问到的同学总会反驳:"我妈妈跟你说的这些词一点关系都没有!她的客户很喜欢她!他们总是找我妈妈问建议,甚至是一些私人事务!"

客户的，而是因为我试图去帮助他们。我理解他们面临的挑战，也试图帮他们解决问题。而在那之前，我唯一真正和销售员打交道的经验，还停留在之前在车行碰到的那个销售员，这个故事上文我已经说过了。怪不得我对销售员的印象那么差！

如果我的经理没有威胁说我不听从命令就要被炒鱿鱼的话，我是不可能去干销售的工作的。幸运的是，当我刚开始打推销电话时他一直陪着我，给我指导示范。我所了解到的他跟自私自利、控制欲强和咄咄逼人丝毫不沾边。他"反其道而行之"，与客户精诚合作而不是利用他们。当我学会了这点并自己实践时，我开始爱上销售——并找到了成为成功销售员的窍门。

跟客户提要求不代表你是个坏销售员，从来就不是这样。真正让你成为坏销售员的是你的自私自利。

如果你要卖出东西，做个成功的销售，你必须要向客户要承诺。成交与否是不容商量的。如果你不愿意也不能要到你需要的承诺，你不可能做好销售。好消息是，提要求并不需要你变得以自我为中心，也不需要你做任何辜负你客户信任的事。

那些过时的销售技巧并非必不可少，你也不能从那些技巧中获益。

这本书是针对专业的销售人员写的，是为了那些志在成为自己客户可信任的建议者的人写的，也是为了那些相信自己可以建立终身信任的关系、创造价值、合作共赢带来意外的收获的人所写。

如果你旨在寻找那种让你能控制、施压或者骗取人们从你那里买东西的技巧，这本书对你无用。这是一本教授专业人员学习销售艺术的书。

总是求成交还是从不求成交

数十年来，销售人员总是被训练着"总是求成交"——也就是，他们所做的一切都是以得到签名画押、达成交易为目标。但是在过去的二十年里，销售界已经悄然改变。更多的竞争者进入市场，客户也因此有了更多的选择，他们自己购买的方法也变得更复杂，和销售组织的关系中自己的权利也更大。他们再也不用从那些威胁或者烦扰他们的销售员手里买东西，这些销售员要么用一些控制的技巧，比如傲慢的"非此即彼"的成交手段（你是周二上午十点有空呢，还是周三下午两点方便？）或者"拿或取"的成交手段（你是喜欢樱桃红的车子还是喜欢金属蓝的？）。很多老式销售方法剥夺了客户的选择权，也减少了他们的权利。销售员跟客户是在做交易，他们不需要只会利用强买强卖手段做成生意的销售员的帮助。

客户对那些攻击性强、以自我为中心的销售员开始无视、躲避甚至拒绝。也就是这时候，销售方法从"总是求成交"变成了更温和、可商讨的销售方式。然后，随着互联网的出现，社交销售、形式营销、集客营销、钟摆营销一直到"不求成交"——认为要想卖得好就不能主动要求潜在客户买东西，而是让他们自己决定下一步该做什么。如今的销售员被动等待着潜在客户主动提出加快销售的进程。销售员相信如果自己和潜在客户相处得好，不需要主动要求客户做出承诺来增加成交的机会。

你如果发现我赞同"总是求成交"的销售方法肯定会很吃惊——只是我不要求客户做出会买的承诺,虽然大部分的销售员都是接受了这样的训练。相反,我会想办法获得一系列循序渐进,可以快速促成销售的承诺。

1988年,尼尔·拉克姆撰写了一本关于销售的传奇书籍,名为《销售巨人》。它成为麦格劳希尔集团出版的最畅销的精装书之一。多年以后的今天,你仍然可以在当地书店里面找到《销售巨人》这本精装书。这本书写的是销售员和自己潜在客户之间应该如何正确对话。这些方法在当时很有用,现在仍然有效。如果你可以帮助潜在客户找到他们不愿意改变的原因(同义词"大赢家"的"家"就是自己),那么你就足以去赢得客户了,因为这样做能够帮助你和潜在客户进入改变的状态中。但是那不是本书要讲的重点。相反,我们的重点在于讲述拉克姆作品中普遍被忽视的隐藏的宝石。

为了讲述"巨人模式",拉克姆详细并正确地阐释了在小而低风险的销售中,经常求成交,可以增加做成买卖的可能性。做风险小的生意,及早地多问销售情况确实有一定道理。在这些情况下,如果购买几乎没有风险,那么多提要求是有好处的。

但是在规模大又复杂的销售中,危险性更大、风险更高,过早地追求成交其实对销售员没好处。过早地让客户下决定买单,如果客户自己还没有准备好,被拒绝的可能性会很大。经常让客户买单的话会失去客户的信任，也会让人觉得销售员自私自利（这个话题我们之后会详细讲解）。

拉克姆断言，成功的推销员会提出建议并获得一些"进展"，这能够促进最后的成交。他也发现，表现不好的推销员没有获得这些进展，相反，他们会勉强给自己一个买卖能做下去的暗示（比如：客户似乎喜欢推销员，客户可能会和推销员再次讲话），但是他们并没有就买卖继续下去做一些具体的行动。

拉克姆的研究不是说"从不求成交"。事实上，他的研究恰恰表明了相反的结果：**它建议"总是求成交"，但不是像大多数人接受的训练那样让客户做出会买的承诺。**

我读了拉克姆的书之后，就把里面的方法付诸实践：每次交流之后都能获得一些承诺，我的销售额也会立即增长很多。这次实践带来了很大的改变，因为我发现它能让交易更好地继续下去。仅仅是这次发现就让我增加了上亿美元的收入。而我需要付出的只是花上25美元买一本书，然后用四小时读完。

"总是求成交"，正如我所实践的那样，包括跟潜在客户求得一系列承诺，然后促成最后买卖的成功。成交是分阶段、环环相扣的。在销售的过程中，推销员会成为潜在客户可以信任的建议者和合作者。

像拉克姆一样，我发现没能及时获得客户的承诺会使达成交易的时间延长，使推销员受挫，包括得不到新生意带来的财务收入。这也使销售组织的收益和利润减少，客户没有得到想要的结果，也损失了不少金钱。没能获得必要的承诺来让生意成功也是很多买卖失败的原因之一。没有承诺就没有动力，注意力可能会被其他事情吸引，销售员和潜在客户都会丧失动力。

这本书教你怎么在终生合作、创造价值、通过获得必要的承诺来创造和赢得生意然后获得意外的收获，在这些关系的基础上成为客户可信任的建议者。这些方法不仅有效，而且在销售中想获得成功也是必要的。

现在，从销售过程开始到结束，你需要**获得十个明确的承诺**。此书是获得这些承诺的指导书。通过理解这些承诺的内容、为何你需要它们、如何成功地获得它们，你创造和赢得新机会的能力必将大大提升。

本书大纲

"从不求成交"是个不好的建议，因为这会损害销售员和客户之间的利益。当钟摆摆回来时，我们要用力推它一下，让它能更好地摆动。是时候注重"总是求成交"了，但是要用更加专业、成熟的眼光看"成交"的内涵，了解如何提要求。依据我们的目的，"总是求成交"的意思不是在时机成熟之前要求承诺。

"总是求成交"不是要你重操旧业回到刻板印象中的强买强卖，也不是要你变得自私自利或者做一些辜负客户信任的事情。此书中没有任何细节会告诉你去破坏与潜在客户之间的关系或者破坏他们的信任。事实上，**本书的观点将会改善你和客户的关系，增加**

你们之间的信任。

本书的建议绝不会让你的潜在客户自我感觉很差或者做决定的时候有压力。相反，你的客户只会相信自己是在和专业的销售员合作，知道他们想要的东西，照顾他们的利益，合作创造更好的结果。

本书讲述的观点将会帮助你和客户处理敏感性话题，以此来促进共同建设一个更好的未来。这些观点将会帮助你和客户展开建设性谈话和防止意外发生的深刻讨论。只有通过这些谈话你的客户才能得到更好的结果，而我上文提到过的承诺也会帮助指引这些谈话的进行。

此书中的策略、技巧或者语言都没有俗气尴尬的叫法。事实上，它们的名字都只是恰如其分地描述该项承诺。

本书的观点将会帮助你发展更深层次的关系。它们将会让你脱颖而出，证明你是为客户着想、力求为潜在客户考虑利益的销售员。本书的遣词用字将会让你变得更专业，不会让你为自己脱口而出的话感到糟糕或者尴尬。

在接下来的章节中，会看到以下内容。

第一章：获得承诺的新哲学 提供成交或者我们此书中常说的获得承诺的哲学。销售不是一件你强加于人的事情，相反，销售应该是你为他人而做，而且需要和他人一起完成的一件事。你会明白为什么错误的习惯、方法、手段阻止你获得承诺，以及如何运用有效的方法。

第二章：控制承诺和过程 为赢得承诺奠定基础，通过描述买方的采购过程、自己如何在此过程中服务他们，以及如何获得十项承诺保证你帮助客户获得想要的结果。

第三章：价值交换 将帮助你给每一项你提出的承诺定下一个价值定位，然后在你和客户的沟通中告诉他们你能带来的价值，促使客户做出承诺。本章将会推进客户同意你提出的要求。

第四章：时间的承诺 教你如何跟潜在客户约时间碰面。如果不开始，何谈成交，所以这个承诺是必要且关键的第一步，也是最难的步骤之一。

第五章：探索的承诺 告诉你如何赢得潜在客户探索改变的承诺。客户愿意探索改变，你才能进行需求分析的工作，这也可以为你赢得客户对你、公司和你提出的解决办法的青睐，从而为你提供机会和空间。

第六章：改变的承诺 此章告诉你如何创造机会。除非你的客户同意改变，否则你都没有得到实际的机会。本章将会帮助你在一系列没有机会的选择中找出那些有价值的真正交易。

第七章：合作的承诺 关于学习怎样要求并获得你的潜在客户的

投入，以此来建立合作关系并参与到寻找解决办法当中去。如果要做成复杂的交易，你需要和潜在客户密切合作来寻找解决办法。

第八章：达成共识的承诺 关于给那些被改变的决定影响到的人一些建议。现在的决策过程多半是民主的。你的潜在客户需要团队的支持来继续前进。你将学习如何通过达成共识来寻求推动这一进程的承诺。

第九章：投资的承诺 讲述如何让你的潜在客户多一些投资来达到他们需要的结果。如果你的潜在客户通过现有的投资就能获得更好的结果，那么他们早就自己创造这些结果了，也没必要改变。你可以帮助他们做必要的投资。

第十章：回顾的承诺 讨论当你需要提出解决方案的时候，该如何直截了当地开口。其中包括那些必要的利益相关者和决策者在场。这可能会有点棘手。读完这一章，你会明白如何筹备一场会议来保证在你要求对方做决定的承诺之前，你的解决办法是100%正确。

第十一章：化解疑虑的承诺 很多买家在进行重要的采购时，需要有人帮助他们解除自己的恐惧和疑惑。尽管大多数推销员允许自己的潜在客户在私人时间"回来找他们"，但是你可以请求得到一个允许你主动联系客户的承诺,以指导他们一步步化解所有的疑虑。

第十二章:决定的承诺　关注一直被称为"成交"的问题。在本章中你会学习如何要求客户做出购买的承诺。这个策略十分简单直白,你马上就可以学会。

第十三章:执行的承诺　关注最后的成交,可能是最难获得的承诺。本章提供你需要的策略、技巧还有要说的话,来帮助你的客户创造你卖给他们的成果。本章将帮助你从一个推销员晋升为可信任的顾问。

第十四章:成交指导　将为你提供一套概念,帮助你分析在获得承诺的过程中可能会遇到的挑战,以及你需要做的一些改变。

第十五章:如何化解客户的疑虑　将会指导你引导你的客户克服胆怯,协助客户将注意力转移到生意上的真正危险,以及只要勇往直前就能获得的价值。

第十六章:管理的承诺　提供一系列办法帮助你通过确定必要的承诺来赢得机会,以此来管理你的生意机会。

第十七章:结束语　在最后一章里,我将告诉你为什么我教你的这些方法前所未有的重要，还有如今你想要做好销售需要成为什么样的人。

现在我想占用你三十分钟，跟你分享一些成交的哲学，你可以立即付诸实践来提升你的推销方法。在接下来的半小时内，你快速浏览完这些能帮你做成生意的主意之后感觉怎么样呢？

Chapter 01
获得承诺的新哲学

为了有效地推销，你需要一种哲学方法，不是大学里面教的学术上的哲学方法，而是一种实际哲学，就跟希腊人实践的那样。希腊人不仅讨论哲学理论，他们也把哲学付诸实践。

如果你是享乐主义者，你吃吃喝喝仅仅是因为这是美好生活的组成部分：快乐。如果你是禁欲主义者（顺便提一句，这是现在十分流行的一个词），你毫无怨言地忍耐生活的磨难。哲学就是以你所相信的理念生活。所以哲学也能引导你销售。

以下就是我的哲学，也是贯穿本书的线索：销售不是一件你强加于人的事情，相反，销售应该是你为他人而做，而且需要和他人一起完成的一件事情。

如果你想成为被咨询的推销员和可信任的建议者，那么这是赢得上面那些称号的开始。

客户自知

Caveat emptor是"客户自知"的拉丁语说法，这是人们从刚开始交易直到今天都会遵循的普遍哲学。它强调买家保护自己不受商人（即推销员）侵害的责任。如果你做了一场不好的交易，那么错在你自己。是你自己不够了解情况。当你知道那些商人总想占你便宜的时候你怎么还能让你自己被骗呢？客户自知是一项必要的哲学，因为在人类的大部分历史中，销售是一种一个人对另一个人做的事。直到今天，我们仍然用这种表达"你卖了它们"。你"卖了"你的主意或者你的产品。为了占乡巴佬的便宜，你"卖给他们一堆货物"，得到了他们的钱财却没有给予他们承诺的价值。"客户自知"的观念清楚地表明推销员只是为了自己的效益和公司的利益，或者两者共同的利益。任何买卖都很少是为买家的利益而进行的。

幸运的是，如今时代开始变了。由于客户现在的可选性更多，随着互联网和社交媒体的出现，口碑的作用也越来越大，"客户自知"现在变成了更加适合的哲学。"客户自知"变成了"卖家自知"。这是一种好的改变，因为它压制了许多不良的销售行为。现在，如果有卖家占了你的便宜，你可以把你不愉快的经历向你的家人朋友分享，社交媒体上的无数路人都会看到。对于今天的卖家来说，自私自利、控制欲强、不公正或者欺骗客户的潜在代价太高了。为了做成一单生意不值得以牺牲未来无数单生意为代价——这是好的销售组织和销售员一直都明白的道理。

事实上，许多销售员并不想欺骗其他人，因为大多数人都不想做那些让自己感觉很差或者因为伤害别人而内疚的工作。他们也没必要这样做。销售可以成为一个回报很大的事业，因为如果做得好的话，你可以帮助人们完成他们自己没办法做成的事情，你的作用至关重要。这样做也能让你发展深层次、持久、有价值的关系。因此，销售不是你对某人做的事情。相反，你需要和客户精诚合作，用你的资源和主动权创造更好的结果和可能性。尽己所能，你可以和客户成为战略伙伴。你成为你的客户可信任的顾问，为了得到这个称号，你需要不断地提供可靠的建议、了解接下来要做什么并通过和你的客户沟通来得到更好的结果。

正确的心态

你是如何开始接受"卖家自知"这种观念的？不仅仅是因为它是目前销售里面常见的方法，而是把它铭记于心？那么你便开始形成正确的心态了。实际上，你的心态是决定成功的重要因素。正确的心态能够让你更容易获得承诺，因为你潜在的信念是健康有力量的。正确心态的六个组成要素是信心、关怀、坚持、为客户着想、直面难题，还有意识到主角不是你自己。

信心

信心——要对你自己和你的产品都有信心——让你自己随时将客户的利益放在心里，指引你的行为。信心让你主动跟潜在客户提承诺，好进行下一步。这来自以下信念：你可以也会给客户带来改变，你有能力为客户得到理想的结果。如果你不拥抱这些信念，你的缺乏自信将会被别人看在眼里，也会妨碍你获得客户的承诺。

如果你不相信你的产品、服务或者方法，你就没办法相信自己能给客户带来积极的改变。这很正常。如果你不是100%相信你卖的东西，你的潜在客户就会感觉到你说的话和她感觉到的东西之间的不一致。他们可能会觉得你虚伪，或者看起来在说假话，或者对自己说的话不是很确定。简而言之，如果你没有由衷相信你的产品棒到你的客户必须进行销售过程的下一步，那么你的客户也不会这么做。

让我们快速看一下是什么导致你丧失自信以及你该怎样处理。对你的产品、服务和解决方案有信心不代表你的客户永远不会遇到问题。相反，这种信心来自你知道，如果不能有效地处理卖出产品之后日益增加的问题，那么没有公司能够为客户拿到想要的结果。能让你保持自信更重要的一点是相信你会给客户带来不同，还有当客户需要关怀的时候你会与他们同在，帮助他们在改变发生的时候迎接新的挑战。

关怀

关怀是信任的基础，而信任是所有关系的基础——包括商业关系。关怀可以让你从以自我为中心变得为他人考虑。在生意中这不是件容易的小事，而是重要的大事。即使所有方面都不公平，关系仍然可以帮你取胜。你在销售中要做的是通过使所有东西都不公平来创造关系的价值。那意味着不只是喜欢你的客户或者拥有一段私人关系，即使这两方面都可以为你，公司还有你的解决方案得到好感帮助很大。"有价值的关系"意味着你通过提供想法和建议为客户创造价值——同时你也需要保证所卖的东西满足客户的期待。

如果你关注的重点在"做成买卖"，那么你会让销售的过程变得更难。一心惦记你想要什么、赢得生意会得到什么，这样的想法会阻碍你进行有效的销售。

当你真心想要帮助客户的时候，就会让客户觉得非你不可，你关心客户，也会让客户喜欢你，更愿意找你买东西。当你关注的是帮助你的理想客户做出那些需要的改变，得到向前迈进的承诺——最后承诺从你这里买东西——将会变得自然又容易。

对于很多销售员来说，这是一个思想转变。从前，他们总是把注意力放在和潜在客户约见面上，在销售经理问起来的时候他们能有话说。但是你可以把注意力放在分享信息、好想法上，来帮助潜在客户理解他们需要改变的原因。从前，推销员总是关注把产品或者服务"推销出去"而不是跟潜在顾客共同合作，通过改变产生更好的结果，总是关注赢得生意。但是，如果你反其道而行之，把关注的重点放在帮助客户"赢"呢？说实话，客户的胜利就是你的胜利——这是双赢。

坚持

本书教你如何在复杂的生意中获得客户的承诺。如今，销售的过程就是帮助人们改变，但是改变谈何容易。你必须懂得持之以恒，一直坚持下去。

你将要提出一些可能会被你的潜在客户拒绝的要求。他们会害怕改变——即使他们知道改变有必要。你的潜在客户会拒绝做承诺，即使他们知道这些承诺能够帮助他们离希望的结果更近，即使这样做会损害公司的利益。他们也有可能会失信，即使他们本该守信。听着，如果一切顺风顺水的话，你就不需要本书了。

你必须坚持让你的客户做承诺，这样能帮助你的理想客户从现在的阶段走向未来更好的阶段。你会听到否定，但是你也知道必须再次尝试。你的客户会取消会议，你给他们发送的语音留言和邮件可能石沉大海，客户自己可能踟蹰不定拖慢进程。但是，不要气馁。正如本杰明·富兰克林说的，"活力和坚持可以克服所有困难"。

为客户着想

出色的推销员三思而后言。他们在合适的场合只说合适的话，这些话有一种神奇的力量。这就是为什么销售更像艺术而非科学。

许多推销员急迫地记住最新的、最伟大的"销售金句"和"销售词汇"，觉得记住这些话是成功的钥匙。这意味着他们认为语言是一种需要掌握的工具，是用来上门推销的，而不是和潜在客户发展深层次关系或者帮助他们想出好主意来得到更好结果的方法。

为了使自己在业务上面显得熟练，熟练了解潜在客户会使用的语句当然是很重要的。但是在和顾客沟通的时候，关注客户的需求、挑战和目标同样重要。在开口之前，先想想客户面临的挑战和目标。首先换位思考，然后再沟通。既然你讲话的时候是"为客户考虑"，你会很自然地和他表达你想帮助他成功的想法。具体说什么话没有表达这种想法重要。

怎样说正确的话，没有统一公式，但是却有一个经验法则：如果你说的话让自己感觉不舒服，听起来比较滑头或者让人有压力，你就不是站在客户的角度为他着想。你说这些话只是为了自己能做成买卖。如果你是以自我为中心的，你的动机和语言都将出卖你。

我不是说在你进行销售的全过程中都不会让你的客户感到丝毫不舒服。无疑，他们有时还是需要面对不愉快的事情。而在这时候你就需要把这些让人不愉快的资料给他们看，让他们意识到是时候做出重要改变了。当你在说话之前考虑的是帮助你的客户，你说出来的话会更有效力。

你可以用几种不同的方法学会如何说话。有时候你很幸运地和一个口才很好的同事或者经理工作，他（她）会从客户的角度出发来说话。你可以通过仔细思考自己听到的话来学习很多，然后自己练习跟他们一样思考，那么你就会很容易和他们讲出一样的话了。事实上，如果你的团队里面有人很会讲话，主动要求和他们一起打销售电话，这样你不仅可以学会他们讲的话，还能学会他们采用的思维习惯。

人类交流方式很多元，打销售电话的好处就在于，如果你们沟通得好，就可以立马得到你所做的工作的反馈。你可以及时地看到自己所做事情造成的结果，不管是好还是坏。你可以用这些及时反馈作出调整，然后发展自己的正确沟通方式。

直面困难

一旦你开始要顾客做承诺，你就会经常听到拒绝，就算你不想也没办法。那就是为什么"克服拒绝"是销售人员需要长期学习的一项技能。克服拒绝这个说法还没有与时俱进。关于成功的销售人员的做法，更健康和准确的表述是"接受和解决困难"。

拒绝表明意见不一致，谁也不想碰到这档子事。想想"拒绝"这个词，当潜在顾客表达忧虑的时候会让你觉得似乎你必须"赢得"谈话。当你被拒绝的时候，你可能会发现你的理想客户认为现在担心的事情是种挑战，一次思想的斗争。通过改变你的看法，把"拒绝"视为需要认真考虑的困难，你可以改变你的心态和策略。你会变得好奇，努力理解客户拒绝你的原因。

正如你会在本书后面学到的，你的潜在客户经常会瞎担心。如果你不做、不能、不会去面对和解决他们的担心和恐惧，他们拒绝进行下一步也很正常。为什么你过去会同意你觉得对自己无益的东西呢？那么，你为什么会期待你的客户这样去做？

帮助你的潜在客户处理他们的恐惧，不管是真实的还是想象的，这是销售员帮助他们的客户改变的方法。这种改变对于得到更好的结果很有必要。如果你的理想客户不用改变就能得到想要的结果，那他们早去做了。

当潜在客户拒绝的时候，推销员常常不知道如何处理，很是纠结。不用纠结，面对并解决去吧。

要知道主角不是你

你越理解你的潜在客户的观点、期望和需要，你就越能有效地帮助他们达到目标，你们的关系之中也能有更多信任。相反，如果你不知道他们努力想达到的目标，不理解他们的想法，你怎么知道要给他们提供什么东西呢？而他们又为什么要相信你所说的一切，甚至一开始就同意跟你会面？为了成为一个高效的推销员，你需要透过你的客户的眼睛看世界，采纳他们的观点。

要注意：为他人着想是一种很强大的思维方式，因为我们天生就是以自我为中心的生物。但是这种技能可以发展。你可以采纳"他人"的观点，从你的理想客户的眼中看待事物。先试试问自己以下问题：

- 如果你是自己的理想客户，会努力达成什么目标？
- 当考虑推销员能给你提供什么的时候，你会关心哪些方面？
- 什么会促使你没办法拒绝推销员的会面要求？
- 如果你同意运用有限的会面时间见一个你明知他要卖东西给你的推销员，你的价值定位是什么？
- 其他的推销员现在还没满足你的哪些要求？什么会促使你想

改变，开始从另一个销售员或者公司那里买东西？

在我的工作室，我发现推销员、销售经理和销售领导经常难以采纳客户的观点。我们花了大量的时间去争取客户和提升销售业绩，却忘了客户也有自己的想法。我们也会低估我们向客户要求承诺的时候带来的后果，这可能会导致客户拒绝再从一个合作很久的老朋友那里买东西。

你越多地从你的理想客户的角度出发，换位思考，你就越能轻松地帮助他们做出决定和为了得到更好的结果进行改变。你为别人考虑得越多，你的潜在客户就越觉得你理解他们的需要，致力于为他们服务。

因此，销售过程完全不是为了你自己或者你的需要。你所提出的所有要求都是为了你的客户能够得到更理想的结果、克服困难、创造更好的未来。

让我重申一下，因为这点太重要了：**销售不是一件你强加于人的事情，相反，销售应该是你为他人而做，而且需要和他人一起完成的一件事。**

既然现在你已经有了强大的力量学习本书以下的内容，那么现在我能和你分享控制销售过程的有用想法吗？这是在获取承诺之前最重要的两件事之一。

Chapter 02
控制承诺和过程

作为推销人员，我们遵循推销的过程：通常从锁定目标开始，然后求得资格，之后探索发现，互相沟通、商讨，最后成交。你的销售过程或许有更多的步骤，或许更少，这取决于你怎么销售。

买家通常也会遵循一定的过程。我们的目的不是探讨采购部门进行的正常交易的过程，就是你所了解的"提案申请"。这些过程的目的是防止推销员走向歧途，而且在很多种情况下限制你做出改变的能力。

我们也不准备讨论通常的购买决策过程——从发现问题开始，包括信息采集、可选方案的评估还有购买决策。我们需要深入一步，了解顾客的想法和感觉，这样我们才能知道在改变的过程中该如何去服务他们。换言之，我们希望了解顾客的心理。这要从了解你的目标顾客没有"购买流程图"开始，他们自己就是流程图。

你的目标客户会主观地看待改变的过程，而非客观。他们不会探查自己的心理，以了解为什么会有这种感觉，或者为什么他们想要那些东西。在很多时候，他们甚至不知道自己在拒绝改变，安于现状，他们的害怕妨碍他们进步。就像你不知道自己的盲点一样，你的目标客户也不知道他们的。

要时刻铭记你的买家不会像你遵循销售过程那样遵循"购买流程图"。他们不需要完成一系列的表格才能作出好的购买决策，也没有干净利落地绘制将采购细分成各个阶段的流程图。重申一下，他们没有这种流程图，因为他们自己就是那张图。

你的理想客户想要的是问题得到解决，挑战被克服，找到机会，得到更好的结果。他们在购买时有那些举动，是因为他们相信为了得到自己想要的必须这么做。让我们看一下买家都是怎么参与改变的过程，以及他们真正的过程是怎样的。

买方真正的购买心理

矛盾

想想上一次你买某件特别贵的东西，比如，一辆新车或者一栋房子。除非是某件事让你非得当场买下来，否则你不太可能在一天之内作出这个决定。这个想法可能花费你很长时间。比如，你的旧车子不好维护了，满足不了你的期待了，你也不想再为它花钱了。即使你知道可以买一辆新车满足你的所有要求，但你就是尽力拖时间——因为你还没决定完全放弃这辆旧车。所以即使你有必须改变的动机，你还是可以不去改变。

对于我们大部分人来说，销售中的挑战是我们知道我们的潜在顾客在很久之前就有必须改变的理由。我们已经培养了洞察力来创造新产品、新方法和新服务来帮助顾客得到更好的结果，在很多情况下，甚至在顾客意识到自己需要新的能力之前。你可以很快地叫出几个客户的名字，他们必定能受益于你产品的，即使他们拒绝和你约见面。你可以说出他们现在必须改变的原因，经济上的、技术上的、科学上的以及文化上的原因迫使他们必须改变，不管他们喜不喜欢。但是，他们仍然顽固不化。

在我从事人力派遣工作时也发现，对我的客户造成冲击的经济和劳动市场的趋势，在形势严峻之前便能轻易发现。即使他们招聘新人的眼光每况愈下，他们还是固执己见，坚持做老本行。现状还没坏到让他们改变。

销售的现状是当你在发掘生意，试图获取"时间的承诺"和"探索的承诺"时，许多买家都觉得没有改变的必要。相反，他们在经历某种矛盾，他们自己也感觉进展不对。即使事情没有朝他们想要的方向进行，他们还是想办法去迎接挑战，然后挫败感十足。

你，作为一个提供建议的销售员，需要了解你的客户进展不顺的原因，帮助他们去理解。可能是因为潜在客户的经营模式不再奏效了，但是他们自己却还没有意识到这一点。可能是经济大环境在改变，给你的客户也带来了影响，但是他们没有及时地作出反应。

可能是因为科学、技术或者文化上的进步使他们曾经轻而易举做成的事情如今变得异常艰难，但他们自己却不知道为什么。这些改变都是当下飞速改变的时代里面必不可少的一部分，尽管过程很艰辛，但是也提供了机会——不仅为你自己也为你的客户。

当你找到了使你的客户进展不顺的原因，你可以帮助他们把这些原因归类为问题去解决。帮助客户把进展不顺发展为可以解决的问题就是你为你客户创造价值的途径。如果你想成为一个值得信任的顾问和可以咨询的销售员，你不能犹豫要不要帮助他们，等到你的客户因为止步不前而受到不良影响。你必须主动帮助他们，那意味着帮助他们理解改变的需要。

为了做到这点，你需要通过得到客户的承诺来控住整个过程，这样才能让你帮助客户把不顺的进展变成可以解决的问题，变成一个必须改变的原因。为了做到这点，你需要学会如何获得约会的承诺和行动的承诺，这些内容在第四、五章里面会分别讲述。这些承诺使你可以控制整个过程，更好地服务你的潜在客户。

值得解决的问题

在本书的前面章节，我们谈到客户不愉快的问题，这个理论现在还是有些讨论价值的，只不过"不愉快"这个词形容得不够全面。这是因为你的理想客户会因各种事物不高兴，但是却没有不高兴到有所行动。这是因为他们不相信自己能够改变，他们现有的问题还不够重要到让他们利用有限的时间、经历和资源去解决。长此以往，问题将会很难解决。

我曾经询问过一些人，他们因为害怕失去客户，努力想达到承诺客户的目标。他们忧心忡忡、处境艰难，但是还是没有被逼到绝路上从而不得不改变。你可能见过一些潜在客户，他们的状况不佳已久，他们心知肚明自己的现状不好。他们换了一个又一个供应商，希望状况会好转。当一切依旧的时候，他们只好认为事实本该如此。他们降低自己的要求，学着面对不甚满意的现状。

当你遇到一个已经准备改变的客户的时候，你会感觉很美妙。当你已经悉心经营一段关系良久，然后你的客户想要改变的时候只打电话给你一个人，这种感觉更好。很不幸，现实情况却是我们发现客户进展不顺，然后必须帮助他们发现问题，让他们去解决它。

让你的理想客户从进展不顺到相信他们有必须要解决的问题，你必须帮助他们找到必须改变的原因。

引人注意的变化

推销员经常问自己的一个问题是："我怎样才能变得更有说服力呢？"其实他们真正问的问题是怎样才能把不顺利变成行动的承诺。为了促使对方改变，你必须权衡什么已经——或者应该——促使他改变。问一下你自己：

- 你的潜在客户坚持认为什么问题或者挑战一旦改变会极大地改进结果？

• 不做这些改变他们会失去什么？是钱吗？还是客户？或者市场份额？

• 什么法律、经济、文化或者科学上的趋势会对你的潜在客户未来的发展和生意产生不良影响？哪些趋势又会带来机会？

注意一下，这些问题跟你的公司、产品或者解决办法毫无关系。不管你的产品或者服务再好，都不会给你的潜在客户带来必须改变的原因。你真正该关心的是让你的潜在客户意识到他们一直在忍受的不顺进展其实是说明他们必须要改变了。一旦你解决了他们的挑战，之后就可以进行销售了。

有时候你的潜在客户甚至不知道有什么地方出了问题。他们还没有达到不和谐的阶段，但你仍然可以帮助他们找到变强大的理由。一旦你的潜在客户意识到他们有必须改变的原因，他们便开始找出原因，以及要改变的状况，收集想法了解做此改变需要什么。

你需要通过获得行动的承诺和改变的承诺来控制这个过程。没有这些承诺，你的理想客户只能一直是个"理想"。

可能，选项，替代和选择

一旦潜在客户找出他们必须改变的原因，想出他们需要的东西，他们便想开始行动。他们会开始甄选不同选择，权衡合适的解决方案。接下来，他们会找人合作，制订计划、过程和解决办法，帮助他们从现在的阶段走向未来理想的阶段。

你可以通过提供有效的想法，和你的客户合作，调整他们认为有效的办法，对解决方案达成一致意见，回顾可选解决办法，这样你就能控制整个过程。你可以通过为他们提供可能性和选择来为他们服务，你也可以帮助他们理解他们要做的权衡。如果你不用这种方式帮助他们选择，他们会找你的竞争对手满足他们的需求。

事实是，顾客可以得到任何他们想要的结果，只要他们付出足够的时间、金钱和资源。然而，你的潜在客户的预算不是无限度的。这就是为什么在购买过程中，"投资的承诺"出现的时间点要比大多数销售员意识到的早。金钱常常是限制因素。如果在你提供解决方案之前就谈投资的事，可以确保你的客户答应你的请求，之后也可以减少你协商的次数。

合作的承诺，凝聚共识，投资和回顾对于控制整个过程和帮助你的理想客户得到更好的结果都很重要。获得第七章到第十章的这些承诺有助于你控制整个过程。

评估风险，解决困难，直面恐惧

在买东西的最后阶段，买家通常会要求给他们一些独立思考的时间。他们心里是有疑虑的，即使他们不愿意说出来。

在这个阶段，他们想要评估风险来保证自己准备改变的决定是正确的，现在合作的伙伴是合适的。他们也想解决自己的困难，以确保他们做的是正确的选择，没有忽略任何重要的事情。尽管你的理想客户不会说，"我害怕会出错"，他们要求"考虑"的时间已经说明有事情出错了。

让你的潜在客户独立评估风险、解决困难、直面恐惧是个很差的办法。给他们再多的时间自己想问题也不能帮助他们，时间本身并不能帮人作出更好的选择。只有给他们提供更多的信息、更好的建议，还有获取信息的途径才能有效地帮他们分析风险、解决困难、破除恐惧。

你可以通过获得化解疑虑的承诺来服务你的客户，具体内容我们会在第十一章里涉及。通过控制整个过程，你可以更好地获得决定的承诺（第十二章）。

当你能控制整个过程也就能更好地服务你的客户。让我澄清一点：你可以控制过程，但是却不能决定结果。控制过程让你更好地服务理想客户，给他们需要的东西来做出更好的决定。一旦想掌控结果，你就会用一些老办法比如"捆绑策略"或者其他以自我为中心、破坏信任的策略。不管你做什么，都不能控制理想客户作出的决定，更别说赢得这场生意。

试图控制结果并不能服务客户，掌控过程才能够增加你的客户想要改变和选择你的概率。

当买家控制过程的时候

当买家有自己的正式的采购流程时，想要赢得他们的生意就比较困难了。销售是一场关于价值和赢得承诺的对话，同时也需要博得客户对你的方案和你的青睐。你需要努力成为一个可咨询者和可信赖的建议者,成为你的客户扩展管理团队必不可少的一部分。但是当顾客自己有需求建议书的时候,你就很难掌握主动权了。这也是为什么很多销售组织不接受需求建议书的原因。当客户自己有正式的采购过程,也就不再凡事依靠你,所以跟他们探讨价值也很难。需求建议书上的流程从可能性、选择和物物交换开始,跳过了销售人员可以创造更高价值的步骤。大家对于需求建议书的处理方式都是一样的,当出现不同的时候都只会考虑价格。

当你仔细观察上述种种赢得复杂交易必不可少的承诺,你会发现在正式的购买过程中,这些承诺都省略掉了。约时间的承诺省略掉了,探究现状与未来的承诺也省了,因为买方认为自己已经做好了这部分的工作。其他承诺,包括提交之前回顾建议的机会,完全省略了。

因为买方有正式的采购流程,所以推销员和销售组织很难给他们提供满意的服务。然而,你还是要记住,销售不是你对某人做的事,是你为某人、和某人做的事。如果别人连机会都不给你的话,那一切都是空谈。

如果公司有自己的采购流程,那也往往无法切合他们的需求。他们拒绝和有经验的销售员对话,即使此人有处理其他公司相似挑战的经验。这使推销员比其他公司和个人有更多的"情境知识",因为他们见识了很多,知道什么办法有效,什么无效。

然而,客户公司的持股者从来没有机会亲自了解潜在合作伙伴,说出自己的意见,或者跟潜在合作伙伴分享创造和提升成果的关键。这样可能会让他们反感和新伙伴合作，也会让执行难上加难，特别是当持股人只有一个小时的时间决定谁才能成为最好的合作伙伴。他们只有很短的时间来决定跟谁合作，那么找不到自己理想的合作伙伴也不奇怪吧？

当买家跳过那些发展理性持久、合作共赢关系的必要阶段，他们很可能最后会失望。

关于处理采购流程图的事，我能给的最好的建议就是打电话给买方，告诉他们，他们的采购流程图会妨碍他们得到想要的结果。这样也许会创造一些不和谐，但也能让客户了解他们必须再做些研究。一旦他们开始追问自己的方法有什么问题的时候，你就成了一个创造价值的人，你也有机会赢得青睐。

如果因为某种原因，你害怕指出他们文件中的问题会导致你失去这个机会，请明白，你本来就差不多输了。许多提案都会要求所有回应者接受他们的条件，只有价格是区分他们的因素。

跳过承诺

买方总是要求推销员在销售过程中跳过许多环节。你可能也会碰到这些情况。你曾经接到过这样的潜在客户的电话吗？他们还没见你，就要求你给他们发报价和提议。这意味着他们跳过了许多步骤和必要的承诺，那么你也不能确保他们能得到想要的结果。

比如，许多买方试图跳过在他们组织内凝聚共识的过程，他们禁止销售员和其他持股人沟通，即使没有他们的支持，生意很可能失败，或者很难有结果。

控制过程，别让买方跳过承诺的阶段至关重要。这是以一个可信任的建议者服务你的潜在客户的最好方式，也是为你、你的公司、你的解决方案赢得青睐的方式。

买方不是唯一试图跳过必要承诺的人。推销员有时候也会跳过要求需要的承诺，因为他们害怕向客户要承诺可能会更难赢得生意。但事实并非如此：不向客户要承诺会让你很难赢得机会。举个简单的例子，你知道你需要对方承诺才能会见其他持股人，针对解决方案赢得共识。你也知道只要有一两个持股人反对，就可能成为障碍。所以你应该避免开会，抱持一线希望，希望反对改变的持股人能自己退出，让决策顺利完成。但更可能的结果是，被忽视的持股人的反对会阻止你凝聚共识，导致"无作为"，而买方决定忍受现状，让不顺的进展继续下去。

买方通常没有自己的采购流程，就算有，也不见得能有什么效果。这意味着销售员要决定得到必要的承诺，帮助客户改变。你必须在每个阶段服务买方，即使他们不愿意为得到需要的结果做出必要的承诺。如果你不能得到他们的同意，就很难帮助他们。

获得承诺

本书中的大部分内容都是关于如何获得必要的承诺来帮助客户以一种有效的方式和过程从现阶段走到未来阶段。这意味着我们要尽量创造一个服务潜在客户和公司的过程，也意味着我们首先得得到客户对于过程该是怎样的承诺。

  为了成功获得承诺，你需要获得一个又一个的承诺，总是要解释进行下一步的价值，也要克服你的潜在客户的恐惧和困难，致力于推动进程向前，即使有阻力也在所不惜。

  既然明白了你需要通过控制整个过程来帮助你的潜在客户进行改变，接下来更好的事情就是花点时间讨论另外一个重要的理念：交换价值。我们能一起进入下一章吗？那么我就可以给你提供一个更快得到更好结果的重要办法，让你的要求无法被拒绝。

Chapter 03
交换价值

为了获得控制过程的承诺，你需要交换某些有价值的东西。交换价值在获取承诺时是个很重要的概念，在获得具体的承诺之前，我们必须讲一点相关内容。"交换价值"的意思是，在向你的潜在客户要求承诺的时候，你必须跟他们承诺交换某些同等价值或者价值更高的东西。我们看些例子再来理解这个概念就很容易了。

有些销售员在跟潜在客户约时间见面的时候会说："我想什么时候顺路经过您那里的时候，介绍一下我自己以及我能提供给您的服务，顺便了解一下您的生意。"

这种说法有时候还是会奏效的，但是先让我们了解一下你的潜在客户的价值定位。他们很看重会见销售员，销售员自己承诺会谈论他们的情况和生意，或许用些幻灯片介绍自己的管理团队、公司位置以及一些知名客户的标志。另外，他们需要回答销售人员对于他们生意的询问。这些问题他们早就耳熟能详，以往会面每个销售员都会问到。

你知道为什么你的潜在客户的热情如此容易消散吗？销售人员的电话没有说清楚价值定位，使这个承诺容易遭到拒绝。你的潜在客户没有在这笔买卖里面看到真正的价值。他们的时间很宝贵，不想做没有回报的投资。

客户同意与你会面，你能给他们什么呢？潜在客户在你这里花了时间，你能给他们什么好处作为回报吗——不管以后他们会不会与你继续做生意？下面这种说法听起来或许有所不同。

"我打电话是为了跟你约个时间，告诉你在接下来一年到一年半的时间里会影响你生意的四个趋势，以及你能如何应对这些趋势的一些想法。即使你不会跟我们合作，你也得问问你的团队不一样的问题，还有对于将来怎么做得有些想法。"

这就是个很好的价值定位。你在跟客户交换某些有潜在价值的东西。这样说，你的潜在客户就能了解可能会影响他们生意的四个趋势，他们和自己团队讨论这个问题的时候就能分享新的问题和想法。额外收获是，你会发现潜在客户即使将来不和你合作，也会接受你提供的这种价值。

这种理念贯穿你向客户提出的所有承诺，包括接下来本书要提到的十项承诺。你每向你的潜在客户提出一个承诺，都要向他们创造一定的价值，而提醒他们这个价值具体是什么就是你要做的工作了。

承诺可以为你的潜在客户提供价值

你知道,在销售中,为客户着想比自私自利好。你为客户考虑得越多,你的生意就越好做成。你越想把东西卖出去,东西就越难卖。对于成交更是如此。

当你向别人介绍你自己和公司的时候,你的动机很明显:你想给理想客户卖点东西。在上面第二个例子里,很明显你努力想为客户创造点价值——即使他们不会向你买东西。不用想着你自己是否能够受益,因为你已经承诺过不管客户跟不跟你买东西,你都会给他们一定价值。

你不能说:"我真的希望你能在我这里买东西,因为我为你做了那么多,总要有点回报吧!"幸好,几乎没有人会说出这么以自我为中心的话。话虽如此,但是很多人仍然会犯错误,尽管他们不是很自私自利,但他们仍然会让买卖很难达成。客户答应给出承诺,他们却对客户能得到的价值闭口不提。

你可能说过这样的话,"我想跟你再约一次,进一步讨论这个问题。你觉得下周怎么样?"这样说不过分,但是你没有告诉理想客户他们投入了时间能得到什么。客户可能会想,"进一步讨论?讨论什么?我们要做什么?"如果你跟他们解释只是希望他们给出一定承诺,而他们自己也能因此得到利益,这样他们就不用猜想那么多了。

"我想跟你再约一次见面,找一下问题的根本原因,有什么解决方案,你之后能做什么。如果可以的话,我们一起商讨一下,对于什么做法比较好，我们能怎样做，都能有个更好的想法。"

你的理想客户这样做能得到什么？他们能找到导致现有问题的原因。他们也能找到怎样做才能有所改进，有哪些可选项。这样他们就能清楚地知道自己付出了时间能得到什么。

在我上面用到的说法里面有一点你可能没有注意到。我加了一句"如果可能的话"。说这句话是为了降低对承诺的期待。你的潜在客户不想和你见面或者在销售过程中悄然退出的其中一个原因就是他们对于做决策的承诺很有压力，这个决定通常在销售过程中很晚的时候才出现。当你跟他们说是不是还没准备好做承诺，这样就能让他们的压力减小。这样能让你的潜在客户知道自己还是能控制过程的，而不是被人控制。

你向客户提出的每个承诺必须也能为客户创造价值。你要知道，能为潜在客户创造价值的东西也对你有好处。如果你对客户作出的每个承诺都能回馈一定的价值，那么你就能为自己、公司还有你的解决方案赢得青睐——这个主题我们将贯穿本书始终。

无效与有效

你现在该知道每次销售交易都需要价值交换，但是一些价值交换比其他的要有效。价值交换越有效，向你的潜在客户要承诺就越容易。价值定位越无效，获得承诺就越难。

"我想跟你再约一次会面，讨论一下你和你公司的情况。我们能在下周四下午两点会面吗？"这是一个很弱的价值定位，丝毫没有提到会面能给潜在客户什么好处。

- 你为什么想对这个人和他的公司有更多了解？
- 你准备怎么处理获得的那些对客户有益的信息？
- 你的理想客户怎么知道你不会浪费他们的时间？

尽管上面那种提法有时候也会奏效，但是也改变不了它是个无效价值交换的现实。价值交换越无效，你的潜在客户就越可能拒绝你的要求。拒绝意味着你在做的事情没有效果。你需要考虑这种反馈，调整你的方法。如果你想得到不同的结果，就需要做些不同的事情，能够创造不同结果的事情。

"我想跟您再约一次会面，深入了解您现在面临的挑战，这样我才能想出一些更好的解决方案。我会提前做些准备工作，跟您分享我们在对其他面临类似挑战的客户的时候是怎么处理的，找出对您有帮助的办法。周四会面您觉得怎么样？"

为什么你要了解更多情况？这样你就可以深入了解问题、挑战或者机会，让你知道接下来该怎么做。

对于那些能帮助到客户的信息你准备怎么做？不管他们会不会跟你买东西，你都会跟他们分享其他人的类似案例，给他们的行动提供想法。

这是一个很有效的价值交换。客户很难跟你说不，因为接受你的方案会让他们得到更多的利益。

你的职责

你希望能控制销售过程，以便能更好地服务潜在客户。你希望通过获得必要的承诺来控制整个过程，来让你做一切可以帮助你的潜在客户改变现状的事情，得到更好的结果。想让客户作出承诺，你可以交换相应的价值。

你的职责是知道你的潜在客户需要作出的承诺，以及他们这样做的理由。你得知道他们同意进行下一步有什么回报。用你的客户能理解和认同的说法解释你强劲的价值主张，也是你的职责。

据我所知，在我之前还没有人写过这样一本关于成交的书籍。在此之前，没人曾列出你销售时需要获得的承诺。许多销售员不知道他们需要什么承诺，因此你的许多潜在客户都没有被要求过作出本书中列出的这些承诺，所以他们也不清楚什么承诺是真正对他们有益的。因此，向你的客户解释他们作出承诺会获得什么价值对你的成功至关重要。

你的潜在客户或许不知道为什么你会要求他们全心与你合作。那些在登门拜访并提出方案之前就打电话询问客户的销售员却相信合作共赢。这些推销员太一根筋了，打电话给那些他们以为的"老板"或"赞助大亨"，却没意识到真正做决定的是他们忽视的持股人。因此你的职责是知道下一步该做什么，以及这样做的原因。你的许多客户甚至从没被要求作出本书中涉及的这些承诺，至少没有明着被要求。很少有人会知道从现阶段走到将来更好阶段需要做什么。

03 交换价值

你交换的价值

让我们看一下当你要求客户作出我上文提到过的十个承诺时，能交换什么价值。

时间：当你要求客户把时间给你，你得给他们提供同等的价值，比如能让他们得到更好结果的先见或者想法。这要求你在每一次的交流中有一定的生意眼光和情境知识能创造这些价值。

探索：你的潜在客户做出了探索改变的承诺，你也得帮助他们深入了解他们现在进展不顺的原因以及他们该如何改变。为此，你需要运用一些发掘方法，做些咨询工作找到真正的原因和困难，从而做出更好的成绩。

改变：要求客户作出改变的承诺是件很重要的事，这是最难得到的承诺之一。对于此你可以交换的价值是未来得到更好的结果，以及你能如何帮助客户得到这个结果。为了得到这个承诺需要你和客户对于改变的过程进行真诚的谈话，即使会让你的客户感到不舒服你也得有话直说。

合作：你要为换取合作机会付出的价值，是让客户得到为他们量身定做的解决方案。为了帮助他们得到适合自己的办法，你必须开启一个揭露对方明确需求的过程，并针对你即将提出的方案做出必要的调整。

共识：在这里你能为客户提供的价值是，帮助你的理想客户建立必要的内部一致性，避免还没开始改变就因为缺少共识而失败。你得理解客户、情商要高、懂得协商，还有帮助他们权衡改变伴随的挑战。

投资：你的客户公司里面有很多人知道他们投资不足。他们想用更多的钱解决问题，但是他们缺乏与称职的推销员合作的经验——能帮助他们判断投资多少合适的推销员。你就要扮演那个合作伙伴，帮助他们在公司里面做更多投资来达成交易，证明你要求他们做的投资和可选方案之间的差距。

回顾：你在这里交换的价值其实是一个机会，可以让你和潜在客户之间建立的关系作出改变和调整。也能让你避免客户团队里面没有满足需求的人破坏交易。你必须得有能力控制过程，做出相应改变达成交易。

解决问题：你在这里给客户的价值是给他们提供专业的帮助，评估风险、解决问题、解决恐惧以及客户的改变计划能够成功的确定性。你需要了解客户的忧虑，并且安抚他们的恐惧。

决定：当你赢得胜利，你会庆祝。但是你的客户呢？你向客户要决定的承诺，交换给他们的价值是你承诺给他们更好的未来。他们也能得到一个确保他们成功的战略伙伴。

执行：这是问题的关键。在这里你能给他们提供的价值是：客户为了更好的结果做出改变，你要陪在他们身边解决难题。

以上十个承诺以螺旋式上升的方式创造越来越多的价值。每个承诺都是基于前一个承诺，推动你的潜在客户离你帮助他们创造的更好结果更加靠近。

"为他人考虑"要注意的地方

在销售中,你要注意为他人考虑。为他人考虑要求你服务客户。你不是对某人做某事,而是为某人做某事,或者和某人一起做。这件事必须要对客户有益。

在人际关系中,快即是慢,慢即是快。想要加快进程以得到你想要的东西会让人觉得你自私自利,容易产生矛盾和阻力,甚至拖慢进程。试着慢一点,在确保你的潜在客户得到了他们需要的东西,可以和你进入下一步的时候再加快进程。这样做减少了矛盾和阻力,从而压缩了获得成果的时间。

你的工作就是在每次和客户交流的时候为他们创造尽可能多的价值,让他们对下一步的行动无法拒绝。每次的交流都能给客户创造价值,那么你就能为自己和你卖的东西赢得青睐。你为理想客户考虑得越多,他们就越能跟你共同前行。

谁不想自己团队里有人能帮助自己改变,得到更好的结果?这就是你需要成为的角色,知道如何交换价值、控制过程是你帮助他们改变的办法。

你要有为他人考虑的哲学方法,一种控制过程的手段,还有清楚客户作出的每个承诺你能给他们什么价值。我们接下来要做的就是直接进入约会的承诺这一章。掌握这一章的内容能够立刻帮助你跟更多的客户约定更多的会面。所以,你觉得接下来就开始学习怎么样?

Chapter 04
时间的承诺

销售组织对于生意是否成交异常关注。销售经理试图预测当季哪些生意会成功，然后不断向负责的销售员询问进展，几乎只关注那些快要成交的生意。如此一来，那些还在早期阶段的生意几乎都被忽视了，即使适时的指导对于这些生意很重要。对于他们而言，似乎成交或者成交的承诺是最难获得的。但是事实上，最难获得也最重要的承诺是"时间的承诺"，如果没有约好时间，你压根就没机会开始生意。

最难获得的承诺

为什么跟客户约时间这么难？我马上想到了三个原因。

第一，你的潜在客户或许已经跟某个卖同样产品的销售员达成协议了——人家给客户看了可以为他们创造价值的列表，客户或许已经把他当成了战略合作伙伴。所以在这种情况下再见你就是浪费时间了。

第二，客户或许时间有限。近数十年来，公司变得越来越精简，你的潜在客户需要运用有限的资源得到更好的成果。对每个人来说，时间是唯一不能再生的有限资源，所以它也是地球上最昂贵的商品。所以对于你的潜在客户来说，用宝贵的时间来见你必须有足够强大的理由。

即使你有完美的解决方案……

有一幅漫画描绘了这样的场景：一位全副武装的中世纪国王坐在马上，他的面前是激战正酣的战场。刀光剑影，城门失火，城楼上面，敌军的士兵正往他的头上倒一锅热油。国王前面站着一位现代的销售员，正拿出他最新的产品——一把全新的来自21世纪的机关枪——很明显，这正是国王消灭敌军的最佳装备。但是国王轻蔑地看了一眼推销员，说道："我没时间见什么疯狂的推销员。我还有仗要打！"

不幸的是，你的很多潜在客户都像这位国王一样。他们觉得自己太忙了没时间见你，即使你的产品刚好能解决他们的困难。那么，你的重要的挑战之一便是获得他们的时间，来告诉他们你能帮助他们。

第三，你的潜在客户或许跟其他销售员合作时有过不愉快的经历，可能是销售员没准备好，浪费了他们的时间，也或许是销售员只顾着推销产品，却没有给客户付出的时间以相应的价值。结果，你的客户也许会拒绝跟你约时间，认为你与他们别无二致。尽管这不公平，但是你只能为比你早来的销售员的过错买单。

约时间时应避免的方式

首先要注意的是，不要发邮件约时间。这种错误的做法会让你与机会失之交臂，无法达到目标。发邮件沟通不够及时，无法同时交流想法。你发送了一封邮件，可能一段时间后你的客户才回复你——或者压根不会回复你。你完全没有机会跟客户洽谈并且化解他的疑虑，或者解释给你时间他能换来的好处。拒绝你的要求也很容易——他需要做的只是把你的邮件删掉就可以了。本书中提到的所有获得承诺的办法都不是通过邮件执行的。销售取决于交流未来和如何创造价值，谈论获得一定的承诺帮助客户得到想要的结果。这些交流通过邮件都不可能发生。

通过打电话约时间就好多了。因为这种沟通方式是同步发生的，可以防止时间上的延误，让你及时向客户要承诺并对客户的回答作出反应。

当然，有时别人确实会挂断你的电话，但是可能性比删你的邮件小多了，删邮件跟挂电话一样，只不过是通过电子方式。如果你比较喜欢发邮件，可能是因为这样被拒绝比直接听到人家对着你说

"不"好一些，因为你还得再问一遍。

既然我们已经说了发邮件肯定是不可行的，让我们继续看一下其他肯定能和潜在客户第一次约成时间的方式吧。

六步教你约好时间

有六步方法可以保证你约好时间见客户，讨论他们的需要，提供价值。这些步骤得按顺序进行，每一步都不可以省略。

第一步：早约，只约时间

很有可能你第一次接触潜在客户是通过电话。当你跟他们打电话的时候一定要先介绍自己还有你的公司，然后跟客户约时间。在谈话中，尽量早点说这些。例如，你可能会说："我今天打电话给你是为了跟你约一次二十分钟的见面，分享一些重要的想法，对于你接下来的八个月将要处理的事物会很有益。周四我们见二十分钟然后简短讨论一下可以吗？"

在约会之前，不要尝试给客户很多有价值的东西。你的客户还没同意和你讨论这些。这些价值是在会面的时候探讨的，就跟你在回复中谈论的那样。同样，也不要试图在要求时间承诺的电话里做发掘工作。毕竟，当你开始问一些揭客户伤疤的问题时，会更有可能让他们拒绝你。第一次交流你唯一要做的就是约好时间。

04 时间的承诺

第二步：预料到客户会拒绝，做好准备

不管和潜在客户第一次见面的时候说什么，当你跟他们约时间的时候还是要预料到可能会被拒绝。不要放弃。可能客户只是习惯性拒绝，跟你和你的要求都没有关系。正如我上文提到的，可能客户对现在的合作伙伴比较满意，或者跟其他的推销员有过不愉快，又或者他们时间很紧，工作超负荷，更别说见一个不太可能为自己创造价值的推销员了。

所以就当你第一次约时间被拒绝是次赠予吧：每个推销员都会被拒绝。之后解决他们困难的时候你还是会被拒绝很多次，然后继续问。可能不断尝试之后你就会得到客户的肯定了。

有内行人这样透露：潜在客户拒绝你的借口寥寥无几。只要加以了解，就有能力去面对，让你离成功更近。（参考后面章节中"客户拒绝与你会面的常用借口"）

第三步：承诺给客户创造价值，无附加条件

立马获得会面的关键之一是向客户创造一定价值，却不要求他们将来作出任何回报，包括不用听你推销你的公司和解决方案的情况下，对他们提供价值。

或许你能为他们创造更好成绩提供新想法，又或许你具备客户会觉得有用的知识，让你成为值得认识的人。记住，你的长期目标之一是成为值得信任的建议者。那意味着你有提建议的能力。直截了当地跟客户展示你对他们遇到问题的解决办法，你愿意给他们提

供有价值的建议,不管他们愿不愿意进一步跟你合作。

正是这种只给价值没有附加条件的做法使你的客户更愿意和你会面。这也能让你在竞争对手中脱颖而出,他们中的许多人仍然什么都不做只是"介绍他们自己和公司"。

第四步:再次询问

现在你知道了,不管你向客户约时间的手段多么高明,第一次打电话还是可能被拒绝,甚至第二次也会。但不要因此灰心。记住:客户有权利合理运用自己的时间。如果每个跟他们约见面的推销员他们都要见,就没时间做别的事了。他们必须慧眼如炬,赶走浪费他们时间的人。所以要预料到你会被拒绝,然后继续进行下一步。

这里要提醒一句:这不是一场意志之战。你是要发展一段关系,而不是疏远你试图发展关系的人。如果你已经问了客户三次,你可能要先跳过帮客户解决难题的阶段,再次询问以讨论。记住,你要放长线钓大鱼,最好刚开始就要学会保护这段关系。

第五步:降低承诺的代价

争取时间承诺的一个主要障碍是潜在客户担心他们无法摆脱你。他们害怕你赖着不走,白白浪费他们的时间却一无所得。要克服他们的这种恐惧你该怎么做呢:只向他们约二十分钟,降低承诺的代价。对于很多人来说,一天腾出二十分钟还是没问题的,而你也只需要这点时间就能达到目的。客户自己也可以放松一下，如果发现你真是浪费时间的人，他们也可以踢你出局。只付出一点时间就能获得你给予的大量想法和解决方案。这种投资回报率诱惑很大：投入一点时间就能收获很大价值。

第六步：承诺不会浪费客户时间

既然你知道客户害怕你赖着不走浪费他们的时间，而你也明智地降低了他们承诺的代价。但是你还需要确保你不会浪费他们的时间。你可以这样说："我保证，我只需要您二十分钟的时间，绝不会多浪费您一分钟。"

这点很重要。你的潜在客户可能已经见过了许多的推销员，他们只会浪费时间，准备不足，缺乏重点和生意眼光，也不能为客户创造真正的价值。你需要跟客户展示你是与众不同的。而你需要做的就是只向客户约少量时间，保证不多浪费一分钟。通过这样做，你会让客户知道你理解并接受客户的时间十分宝贵的现实。你也指出了他们最急迫的一个问题（即使他们自己没说），并让他们知道你会一直尊重他们。

当你跟客户见面的时候，不要浪费时间。让客户知道你为他们安排好的计划，说出你希望下一步要做什么，分享你承诺他们能获得的价值。不要一进屋就四处张望，试图建立私人联系。不要一张口就问那种每个销售员都会问的问题，比如，"您来了多久了？"或者"如果你能改变我们行业的一项东西，你希望会是什么？"

范例：如何跟客户约时间

现在让我们来看看遵循以上六步跟客户约时间是怎样的。以下是我经常采用的一种方法：

您好，我的名字是安东尼·伊安纳里诺，我是转型公司生意发展部的领导。我们帮助公司提高员工敬业度、改善拖延问题，让公司在现有团队的运作下创造出更好的成绩。我现在打电话给您是为了约一个二十分钟的会面，让我与您分享有哪五种趋势会阻止好的发展团队得到更好结果。不管您以后跟不跟我们做生意，在您看到我介绍的这些趋势之后都会有一些不一样的想法，您也可以相应地改变自己的政策。您觉得这周晚些时候我们简短见一下怎么样？

如你所见，我和潜在客户约时间的方式跟我上文提到的方法一致，我提供给客户一定价值却没有要他们给予回报，而且我只跟他们约二十分钟，降低了客户承诺的代价。

你可能会比较吃惊，为什么我没有用"您好，最近如何？"开场，你或许认为我没有给客户回应我的机会。你或许认为我应该试图和潜在客户建立私人联系。你简直不相信我会没有跟客户问好，也没问这个时间打电话是否合适。

以上这些问题你都不用担心。如果你用我说的办法，你会得到客户的回复。可能他会问你："你是谁？要跟我分享什么？"这就棒极了，因为你就有机会跟客户解释了。或者更可能的是，你的要求会被拒绝。那也没关系，反正你已经预料到了，知道该如何处理。

客户拒绝约见你的常用借口

你已经知道你约见客户的要求可能会被拒绝，而且不止一次。好消息是拒绝的借口就那几种，一旦你知道了如何应对它们，你就能解决大部分的问题，并比许多销售员约到更多的客户。以下是最常见的一些借口，以及你可以作出的回应。

"我和现在的合作伙伴相处很愉快"

潜在客户拒绝面见新推销员的一个常见的借口就是，"我们现在的合作伙伴很好"，或者诸如此类的。他们可能还会说："我们也不想浪费你的时间。"你要知道现在你唯一的目标就是和客户约成时间，所以你可以这样答复：

棒极了。我知道您现在的供应商很好。我沟通过的每个客户基本上都已经有了类似的供应商。我打这个电话不是为了让您作出改变，包括换掉你的供应商。但是我想跟您约见二十分钟，分享一些想法。一旦未来您的状况有所改变，您就知道我的作用和我们对于您的工作面对的巨大挑战的想法了。如果您的状况发生改变，我希望您第一个找的人是我。您觉得周四下午怎么样？即使我们可能不会合作，但是我跟您分享的这些想法对于您接下来一年到一年半的时间里做的决定都会有些影响。

你降低了客户约见的代价，而且给他提供了相应的价值，即使你们不在一起合作，这种价值依然存在。下面是另一个比较好的回复：

我料到您已经有了合作伙伴可以帮助您。在我们合作的很多公司中，我们主要的作用是为他们的工作提供辅助作用。您将来可能会发现我们能够在很多地方对您有所帮助，而您现在了解一下我们，将来遇到问题时会有不同的选择，这样做有利无害。您觉得周三上午晚些时候约一个二十分钟的会面怎么样？我承诺会尊重我们的关系，我跟您分享这些想法只是为了将来您处理生意的时候能够有新的选择，即使我们没有机会合作。

事实是，你的自信将会让你的理想客户最终答应和你见面。如果你听起来对自己承诺的价值没有自信，你的潜在客户能感受到这种不一致，会拒绝和你见面。

跟客户约好时间之后要再次确定一下。你不想解决了问题之后就坐享其成，无所事事了吧，这样只会让你碰到新的困难。要随时关注你得到的成果，再次确定。

"我没有时间"

对很多人来说，没时间是一个很现实的问题，特别是对那些身负重任的人。这些人往往工作任务过重，他们的工作量两辈子也干不完。而你现在却希望他们把宝贵的时间腾一点给你，这基本上不可能。我建议：许多工作繁忙的人至少会提前一周就已经安排好行程，所以至少提前好几周就跟他们约时间，这样你的潜在客户更有可能答应你的要求。然后你可以说：

我知道您很忙。我的许多客户都是这样，所以我们总是想方设法帮他们找回一点时间。您觉得两周后怎么样？我只需要二十分钟，我会跟您分享一些简短的有用建议。

你的客户很有可能还是会用没时间的理由拒绝你。他可能会让你三个月之后或者来年伊始再打电话给他们。但是你需要现在就约好时间，而不是以后。只要礼貌并专业地应答，然后继续约时间。这点很重要。许多推销员在客户这么说的时候就放弃尝试或者屈服了。但是如果你想约到客户的话，就必须坚持。

你可以说："我理解您很忙，但是我确信接下来二十分钟跟您分享的想法对您接下来的一年到一年半的时间里都会很有帮助，不管您跟不跟我做生意。您只需跟我说什么时候有二十分钟的空闲时间，我就会过去找您。"

一如既往，您必须承诺客户他的二十分钟花的很值得。你必须十分肯定你会给客户创造价值，等到时机成熟，你就可以和客户直接再约时间。

"你可以发邮件给我看一些信息"

还有一种拒绝你的常见方式："你为什么不寄邮件给我看一些信息呢？如果我感兴趣的话，会打电话给你的。"

你得知道：没有人会真的想你发邮件告诉他们一些信息。除非你的潜在客户碰巧是个失眠症患者，他八成不会详读你的五彩斑斓的小册子。那不会为他创造任何价值，也不会为你们俩牵线搭桥。邮件对你和客户来说都没作用。电子邮件，像我上文提到的,效果更糟。

如果客户还有其他拒绝你的理由,你必须再次询问。你可以说:

抱歉。我跟您约会的目的其实跟我、我的公司或者我要提的方案没有关系。从这点来看,您知不知道我们是谁,我们是做什么的根本无关紧要。重要的是我们跟您分享的一些想法能够帮助您在未来做出不同的选择,不管您跟不跟我们合作。发邮件不足以阐述我在谈话中跟您分享的这些观点。我保证只占用您二十分钟时间。您只需告诉我本周您什么时间有空,我随叫随到。

不同的策略

为了让你的方法有效,你需要提供给客户一些想法和见解来交换他所付出的时间。如果你不能与众不同,你跟客户以前见过的那些推销员一样,那只会加大你被拒绝的可能性。

思考一下你就知道,在销售过程中,获得很多承诺的时候你都需要首先和客户约时间。在整个销售过程中你都要保证你有足够的价值来交换客户给予的时间。

感谢你阅读此书。我想继续此次谈话,分享一些想法,关于你需要获得的其他承诺以及你该如何获得。我们能翻过此页,继续探讨吗?

承诺付诸行动

阅读下文，回答后面的问题。

推销员：早上好，简。我是××公司的托德·史密斯。我今天打电话给您是想约一个二十分钟的会面，跟您分享一下接下来一年到一年半会影响您生意的四个信息技术方面的发展趋势，还有你的团队可以进一步探究的问题。您觉得本周四下午简短会面一下可以吗？

潜在客户：谢谢，托德。我们已经有了供应商，不想做任何改变。

推销员：我已经预料到了。我不是要求您换掉供应商，我只是想跟您简短分享一些想法。我保证不管我们能否合作，我跟您分享的想法都能影响您接下来一年到一年半的某些决策。我尊重您已有的合作关系，如果您将来有任何需要的话，我希望成为您第一个想到的人。我会把幻灯片给您，方便您接下来和团队分享。您接下来的几周什么时候有空？我不会浪费您的时间的。

问题：

1. 你可以给客户提供什么价值用来交换他们付出的时间？
2. 你的潜在客户和团队会问什么关于他们未来的问题？
3. 你的潜在客户给你时间会担心什么？
4. 你之前给客户打电话说了什么浪费时间的话？

Chapter 05
探索的承诺

探索的承诺指的是客户同意考虑改变以得到更好的结果。这点听起来很容易——不过就是同意考虑一下改变。但是很多人都很抗拒改变,特别是当他们觉得一切进展顺利的时候。你必须说服他们相信改变是件好事,然后去探索可以促成改变的方法。

要预料到你可能会被拒绝

挫折是一种礼物。没有人能一直"顺风顺水",每个人都必须努力维持自己的工作,不懈奋斗,尽量少犯错误,特别是那些重大的错误。所以你会听到客户以各种原因拒绝购买你的产品。而刚开始推销的时候你可能什么也卖不出去。

"我对现状并无不满"

如果你跟许多销售员一样，可能你们接受的训练都是，首先要对客户有所"发现"。也就是说，你会问一些问题来探测客户对于现状有哪些不满，以便尝试帮助他解决问题。如果你不能发现客户的任何不满，你接受的训练会告诉你和客户会面一定要找到类似机会的突破口。没有不满，就无改变，也无交易。这种逻辑的漏洞在于，当你遇见新客户的时候，他必然有所不满。很有可能你是要求会面的人——因为送上门想买你东西的人就跟独角兽一样稀有——所以潜在客户认为自己没有亟须解决的问题，他更不用对你可以为他提供有用的方案抱有很高期待。

同理，潜在客户也很有可能不愿意改变现状。如果他认为自己有必须改变的理由，那么他早就改变了，或者至少已经开始行动了。但是他没有改变，只是找到一些办法应对自己的挑战。甚至可能告诉自己一切顺利——即使不完美，但也很顺利。对很多人来说，安于现状比探索未知要舒服得多。只要他自己是这样做的，那就也没必要努力说服其他同事做一些不必要的改变。

"问题十分简单"（并非如此！）

无论何时客户开始和陌生人（也就是你）打交道，在讨论"正经"事之前总会遇到一些困难。他们并不了解你，也没有足够的时间给你们建立信任。毫无疑问，他们想要保护自己，不想被评论、贬低或者难堪。在探索的时候，你得努力找到失败的原因、没效果的地方以及现状的不足。你想深入挖掘找到问题或挑战的根源,但这样做会让人恐惧,所以当你的潜在客户闭口不谈或者只愿意讨论目前的问题的时候,你不用大惊小怪。

但是如果你想真正帮助客户,你和客户必须解决问题的根源而不是表面。看一个例子:我的一个客户深受公司员工高离职率困扰,他希望公司员工能够更为稳定和优秀。他认为问题在于他们招的员工不够优秀,但这不是根本原因。根本原因受很多因素影响,包括他们的培训过程,新员工在学习新工作的时候公司支持的方式,公司为新员工在新工作环境里面提供(或没提供)的安全感。因为我的客户认为问题在于他们的招人方式而不是更深层次的原因,所以他换了一个又一个合作伙伴。在我指出许多从他公司辞职的人在其他公司干得很成功时,他才愿意承认真正的问题并去寻找新的解决办法。

所以,你的任务在于带领客户深入挖掘问题的真正原因,这样做可能会导致不愉快,但是如果你想成为信得过的顾问,你必须"深入"挖掘——找到并指出真正的问题,这样你才能获得客户允许你解决问题的承诺。

不要问客户"您晚上怎么失眠了?"

毫无疑问,你的客户以前也见过一些推销员,他们太过努力和客户建立密切联系,所以问了一系列愚蠢的问题,旨在让客户说出自己的难题。结果潜在客户几乎不会再见这些推销员,因为他们觉

> **相互考察**
>
> 你第一次与潜在客户见面是一个考察的机会,但并不只有你在考察。当你努力了解他们的挑战,他们也在努力找出问题的解决办法,知道自己该怎样改变。他们也在判断你是怎样的人。你足智多谋能够解决他们的挑战吗?你诚实守信并能帮助他们做出改变吗?你真的了解自己在谈论的话题吗?要记住你说的每句话决定了客户对你的整体印象。

得对方是在浪费自己的时间。

在前一章,我们承诺过会给客户提供一些有用的价值作为客户接受我们的交换。我们承诺会跟客户分享一些影响他们生意的见解——或者即将有影响。这是另一种发掘的形式,它十分有效,因为它可以为开始改变拉开序幕。

客户会根据你探索的方法定义你的价值。而使用标准方法,也就是类似问客户:"您晚上怎么失眠了?"这种问题只会让客户觉得你在浪费他的时间。

我不知道这个问题有多少人问过了,但是我自己从来没问过。好像只有实在没话说的时候才会问这样的问题。从任何角度来看,这个问题都很没价值。换位思考一下,想想看,一个推销员走到你的办公室,张口就问:"您晚上怎么睡不着觉啦?"

你会想,"什么?你一点都不知道我在为什么操心吗?你不知道像我这种职位的人面临的挑战有多大吗？你知道我要多努力才能做好工作吗？你没有帮助过客户吗？帮助他们的时候你一点东西都没学到吗？"

恭喜！你碰到了一个浪费时间的人！

既然你主动要求见客户，你得给客户一定价值作为交换。你得准备好有更深层次的发现，也就是发现你的客户还不愿意改变的原因。你必须知道什么才能迫使客户改变。

错误的猜测

许多推销员工作做不好的原因是他们认为客户已经对现状不满意了——所以他们只需要问几个常规问题便可以找出客户不满的地方，创造新机会。

最近，我接到一个电话，一个推销员想跟我做生意。他一开口便说，他想和我及我所在的公司合作，他能比我现在的伙伴做得更好。他问："你觉得现有合作伙伴怎样才能做得更好？"不幸的是，对目前合作的公司我并无怨言。因此我告诉他："他们已经做得很好了，我们有着长期的合作。我现在还不想作出改变，我会记住你的，有需要再联系。"知道我不打算改变，推销员便找出自己唯一知道的情况，说道："我肯定能为您节省经费。"省那么点钱对于整体大局来说并无裨益；做好了工作，回报更高。

这就是擅自猜测的不当之处。那个推销员猜测我已经想要改变了，以为我知道自己为何要改变，认为我现有的合作关系无关紧要，等等，他这样想只能让我对他失去兴趣。如果他刚开始能够告诉我当前行业的现状，有什么新的可能，他能为我改进什么，这样他可能会做得更好。

这个推销员没有让我去探索改变，也没有告诉我哪里可以改变。他该怎么做呢？他应该给我一份当前行业的最新相关技术表，以及这些技术对我的事业有什么助力。他应该给我指出我觉得可能的事和真正可以做成的事之间的差距。他还可以告诉我其他人在做的事，指出我和竞争对手之间的差距。

让我们看一下推销员经常会做的错误猜测有哪些。

认为客户自己想要改变

如果你的潜在客户觉得自己必须要改变，那么他肯定已经在改变或者已经改变过了。所以，一碰到客户就觉得他已经做好准备要改变是错误的。

话虽这么说，但事实上没有人对现状完全满意。所以你大可以认为客户正在经历一些不顺心的事，只是还没到必须要改变的地步。他知道事情进展不顺，但是也还没必要改变。

所以，你第一次会面的目标在于找到客户不顺心的地方，把它定义为一个值得改变的问题。

看个例子。我有个朋友从事保险行业。他拜访的客户正在经历一些不顺心的事，客户自己也知道哪里出错了。竞争对手承诺只需他们付低额的管理费，但是实际上远远超出他们自己的预算。他们也没得到对方承诺的结果，他们的保险索赔也不尽如人意。

当我的朋友拜访这些客户的时候，他解释道，尽管客户付的管理费很少，保险公司的合同允许收取一定管理费用来获取他们提供的辅助服务。结果却是公司在管理上面的投资还没有花在辅助服务上面的费用多。这对公司自己有好处，但是对客户却不尽然。

通过跟理想客户解释这些矛盾，朋友把对话转向客户行业必须改变这个话题——竞争公司的经营模式并不能真正服务客户，客户付的钱很多，却没有得到应有的服务。只要客户理解了不同模式运行的方式，朋友就能帮助他们改变，因而也赢得了生意。

猜测顾客早就知道为什么要改变

绝不要期待潜在客户会主动告诉你他们要改变的原因。你的职责在于帮助客户回答"为什么我现在要改变？"只有你的答案让他们满意了，你才有机会和他们一起探索改变，创造机会。

你或许在等潜在客户告诉你他们需要改变什么，因为你认为你的潜在客户比你更了解自己的生意。当提及他们生意的琐碎细节，他们肯定比你更了解。但是你的潜在客户更像是一个专心致志的人，只注意努力经营自己的生意。那意味着他们可能对目前行业的动态没有全局观，对别人做的不同的地方也不够了解。但是你肯定知道这些，这就是你该发挥大价值的时候了。

所以你要和客户分享他们不知道的行业动态，分享其他人做生意的不同方法。他们需要对自己的行业有更多了解。尽己所能获取相关的行业知识（就像我说的，去找一些"精华"）。然后准备好和客户分享。

认为现状并不重要

如果你和大多数推销员一样，你可能会低估改变的难度。然而，竞争对手并不难打败，只有现状才难以战胜。

你的客户办事已经形成了自己的一套方法，出现差错他们也找到了相应的应对措施。在他的公司，其他人忙着做好自己的事情，他们都采取了"各管各事"的行事态度，很少跟别人分享信息，所以他们或多或少太过独立。改变不是他们随随便便快速参与一下，什么也不想就可以成功的。

这就是你要面对的难题。现在你必须带领客户寻求生意上的改变，在这个过程中更加了解你。然后你还得找机会让客户看到降低或换掉那些阻碍进步的东西可以帮助他们得到更好的结果。你必须探究双方或许可用哪些方式共同实现变革。你还要清楚一点，只要现状不改变，风险将会一直存在。最后，你得明白，几乎每次新的冒险时都会有两件事情伴随：人人都想事情变好，但是改变却很困难。可这并不意味着改变不能发生。

你该问客户"你为何要改变？"

如果事情不能好转，就没有改变的必要了。要客户承诺做出一些改变，然后面临麻烦局面，就必须让他们相信回报远远大于他们的付出。探索的首要步骤就是创造必须改变的条件。

这意味着你要知道理想客户必须改变的所有原因以及阻碍他们获得想要结果的因素。你还要和他们解释，如果他们维持现状，风险会怎样继续增长。

人人都想要事情好转，但是改变却很困难——有些时候甚至非常困难。问题在于你要让客户相信只要做出改变，事情就会好转。你需要帮助客户找到必须改变的原因，这样你才能获得下一个承诺：改变的承诺。

你为客户创造的价值不是来自问他们晚上为什么睡不着觉，而是来自他们应该秉烛奋斗的事情。如果你想知道问题的答案，你需要有生意眼光，你需要知道客户不知道的东西。如果你和客户掌握的信息是一样的，那么你便没有了价值，你的价值在于你知道客户不知道的东西。你拥有不一样的知识和经验。

回答"你为什么应该改变？"

你已经知道该如何给客户打个标准的探寻电话。你知道如何问一系列问题来揭示问题、事情、挑战以及机会好让你的客户做出改变——包括让他换掉供应商。

毫无疑问，你学会的是做完调查之后就等着陈述，在知道你的理想客户想要或者需要你提供怎样的解决方案之后再告诉他该怎样做。

以上都是很好的建议。但只是有时候是。如果你的客户没有必须改变的动机，没有完全意识到他们必须做出改变，并且深陷现状无法自拔的时候该怎么办？

如果你碰到这样的客户，很多时候都会碰到，你需要采用不同的办法。你需要通过分享你对客户的生意、风险和机会的看法来探索改变。记住，在第一次和客户见面的时候你就要告诉他一些好的想法，这些想法必须很有价值，让你的理想客户觉得他们花费在你身上的时间是值得的，不管你们之后是否会在一起做生意。你可以通过告诉客户应该注意的五大行业趋势来开始谈话。

除非你的市场部足够强大，能为你提供这些内容，否则你都要自己做功课。而你可以先开始考虑以下这些事情：

- 你的解决方案可以为理想客户解决何种重大挑战？这对你而言应该是个很容易回答的问题，你早就知道了你要解决的问题。
- 这些问题的根源是什么？问题的表面和根本原因是截然不同的。在第14章"成交指导"中，我们把这称为"本源真相"。为什么你很多的理想客户都有这些问题？
- 有哪些经济、技术、文化、政治或者科学趋势正引发问题或挑战，或者创造契机？选择五个最重要的趋势来帮助你创造改变的条件。要保证你选择的趋势是真正的导致原因。只能选择五个趋势吗？四个或者七个会不会更好？数目无关紧要，而是你在二十分钟里面能够列出一个令人信服的列表。

你需要做到的是告诉客户你对于他们的生意、威胁、机会有着自己的看法，还有对于他们的选择有着一些见解。换句话说，要让客户清楚他们为什么要做出改变——以及为何要选择你来帮助他们做出改变。

你可能需要问自己的一些问题

如果你和客户早期会面的时候准备充分，你在讲述"值得注意的五大行业趋势"的时候，或者在你解释客户晚上为什么睡不着觉的时候，客户可能会一直问你问题。他们也可能跟你分享他们对于这些动态是如何影响他们自己和生意的想法。这意味着你和客户的沟通更加有效，比只是问"什么让你晚上睡不着觉"或者其他所谓的标准问题好多了。

一旦你的陈述吸引了客户的注意，他们就会想知道更多。比如，其他人是怎么处理这些问题的，而你是怎么帮助你的客户的。这些可能跟你学到的方法不一样，但是分享你对客户哪里需要改变以及为何要改变的想法很重要。用丰富的知识和灵活的头脑把你自己武装起来，就能和客户建立十分密切的联系。

谈话将至尾声，你可以列出"你现在就可以问自己的一些问题"作为结束。比如，"这种趋势现在是如何影响我们的生意的，我们应该怎样应对它？"或者"我们这样的生意能怎样利用这种科技上的改变？"你要通过为客户创造改变的动力来创造价值，而不是分享你们公司的历史。问这些问题会比分享任何与你公司有关的消息有效多了。

下一步呢？寻找可以深入探索的领域

第一次见面后，你需要继续获得另一个承诺。获得这次承诺需要你跟客户再次见面，客户可能会邀请其他人一起参与讨论。你可以用一个问题开启谈话，"我们应该有两到三个方面可以深入探索。下周同一时间我们再次见面怎么样？我会继续跟您分享一些有效的方法，您也可以邀请团队的其他同事来听一听分享他们的观点和反馈"。

不要约束客户。不要运用拙劣的成交技巧。只用自然地和客户谈话，承诺将来会给他创造价值。

客户可能会这样说："我们还没准备好解决这个问题。"

而你可以回答："我能理解您现在没有做好准备，毕竟这不是件容易的事。但我想要再跟您碰个面，把一切构架起来，只要您将来准备做决定了，您也可以知道该怎么具体实施。我会跟您分享一些很好的想法，也给您充分的考虑时间。这次讨论只用四十五分钟，接下来两个星期您什么时候有时间，我都可以去见您。"

具体情况要根据你所会见的客户和他们的工作来决定，你还可以说："我知道您现在还没准备好应对这个问题，但是我乐意跟您分享一些想法，以供您以后准备改变的时候考虑。我能见几个你们操作团队的成员吗？这样可以更好地知道他们的需要。之后我会向您反馈我所了解的情况，和我认为对您有用的想法。你们团队有人能帮助我了解具体的挑战吗？"

如果你第一次会面给客户留下了好印象，再约第二次见面并获得承诺就容易多了。如果你争取不到第二次见面，可能是你在第一次见面的时候没有给客户创造足以赢得第二次会面的价值。如果你没有获得第二次承诺，不妨请求客户再给你一次机会。再给客户打个电话，然后这样说："我觉得我之前就我们接下来要做的工作和你为什么要继续见我没有解释清楚，能让我再说一遍吗？"你会发现，和客户会面之后立即这样做会比跟他们打电话或者发邮件要回复更容易。

你会是个怎样的合作伙伴？

你是一个很好的推销员吗？

你清楚地知道客户为什么要改变吗？如果你不知道，如果你不能帮助他们找到安于现状的后果，那你就不能在现阶段为他们创造价值。

- 你能说出现在或者不久的将来影响客户的四到五个问题吗？如果不能，那么你现在还不能为他们提供可靠的建议。
- 你有帮助相似处境的客户解决挑战的经历吗？如果没有，你就无法向客户证明你是能向他们提供有用观点和经验的合适伙伴。
- 你能向客户提供有用的建议吗？你知道他们不了解的东西吗？你有帮助过其他人得到更好的结果吗？他们信任你吗？你是会一直引导他们作出改变，还是卖了东西就跑了呢？

和客户早期的会面是你为自己、公司和方案赢得青睐的好机会。如果你就带着幻灯片见他们，自信满满地向客户介绍你们公司的历史、组织架构，还有你们公司服务的著名公司，做这些是不能为你赢得任何青睐的，只能让客户厌恶你。

所以，和客户前几次会面要准备好以上这些问题的答案——也就是说，你需要成为能为客户提供价值的伙伴。

投入行动

阅读以下内容，回答后面的问题。

探讨一

推销员：感谢您抽出时间跟我简短讨论。听起来似乎这些重大的趋势已经开始影响您的生意了。我还有一些关于这种挑战的附加资源可以跟您讨论。您下周晚点什么时间比较方便？我会跟您分享这些附加资源，还有一些关于同行业其他人所做的进步的想法。

潜在客户：你能发给我幻灯片和这些问题吗？

推销员：当然可以。我一回到办公室就给您发。那下周三下午时间您方便吗？

潜在客户：三点过后可以。

探讨二

推销员：上次我们见面的时候，您对这两个话题比较感兴趣。您现在有什么想法？

潜在客户：上次您跟我分享的技术转变确实成为一个值得关注的问题。我们很早就知道自己落后了，但是我们太忙了，一直没有给这个问题足够的关注。我们也不知道该怎么做。

推销员：我们可以提出一些好的建议。我们相信正确的解决办法是作出两个改变。第一个就是更换设备。第二个就是过程转变。说实话，技术变革还算比较容易的，过程转变会更难，但是不去做的话就没办法做好。我们做过相关尝试。

潜在客户：我们也不是很擅长转变过程。

推销员：那么谁擅长呢？我可以给您看一些您可以做的选择吗？

问题：

1. 你的潜在客户的挑战的根源是什么？

2. 这些挑战背后有什么推动力量？导致这些挑战的内在原因和外在原因分别是什么？

3. 关于这些挑战，你可以告诉客户什么相关内容？

4. 当前阶段你怎样做才能为自己和方案赢得青睐？

到目前为止，我们已经讲述了大部分内容，似乎你很想继续阅读下去。如果关于以上内容你没有任何疑问，能请你继续跟我展开下一章的讨论吗？

Chapter 06
改变的承诺

假如说你已经顺利和客户开完一系列探索会议,想出了很好的解决方案,跟重要的持股人见过面。三个月过去了,尽管你们之间沟通顺畅,但是却毫无进展。到嘴的鸭子就这么飞了吗?

或者潜在客户公司的联系人之一确实很想作出一些重大的改变,你们也在一起做过几次探讨,他常常说要尽快行动,也承诺会很快找你,但是你还在等待。难道这个交易就这么失败了吗?还是已经失之交臂?

不幸的是,这些都不能算是真正的机会,因为它们都缺少一个步骤——改变的承诺。直到你获得客户的改变的承诺,否则你所做的一切都只是铺垫。仅此而已。你之前所讨论的——问题、挑战、需要、期待、预算限制或者你能创造的价值——都算不了什么。如果想获得真正的机会，你的潜在客户必须同意他们确实有非改变不可的理由，他们也需要更好的将来。获得改变的承诺是整个销售过程中最重要的部分。

最差莫过于止步不前

改变很难，可能导致天翻地覆，也可能会涉及权力斗争。改变会使业务中断。那些在公司里面推动改革的人常常会使当权者感到不安，也要承担为此带来的后果。因此，拒绝改变成为自我保护的一种方式。我有个客户决定不再想要改变，因为他觉得如果要改变，"等于政治自杀"。这是一个严重的指控，但是只要你做过一段时间的销售，你就能理解这句话背后的含义。

事实上，尽管改变很难，但不改变危险更大。拒绝改变可能会导致落后、脱轨甚至完全被一种生意或行业淘汰。你或许还记得，柯达曾经霸占电影和相机制造业前几名长达数十年。1975年，当柯达的一名员工发明了数码照相机，高层管理人员无法理解它的作用，害怕破坏目前效益巨大的电影生意，拒绝将这项技术投入市场。他们不想改变。事实上，他们害怕这种改变。结果其他公司发明了属于自己版本的数码照相机，而柯达被迫破产。

目前，整个传统产业都不景气，因为它们没有与时俱进，没有紧跟技术变革的步伐。比如说，出租车公司可以提供像优步这样的服务，但是他们没有这样做。著名的连锁酒店可以创建爱彼迎（美国短租平台），但是它们从没想到过这个点子。新闻机构可以推出脸谱网和推特，但是它们从未想过改变。这些都是因为公司停止创新、忽视技术、不再改变——这是你需要帮助客户面对的真正的危险。

如何获得改变的承诺

你可以通过问一些有用的问题来引导客户迈出改变的步伐。你可能会避免这样做，因为害怕会触及客户的"敏感点"而得罪他们。你或许会认为主动提起一些难啃的骨头，诸如改变会让交易有风险，但是真正有风险的是不去谈话。如果你有能力进行这些谈话，代表你即将从"推销员"进步为"可信任的顾问"和"战略性伙伴"。

或许你还不太想弄清楚客户到底什么时候才愿意作出改变的承诺。或许你不想听到坏消息，但是你得知道事情进展到哪一步了。如果你现在查看你的销售渠道报告，你会发现很多所谓的机会其实已经过了最佳时效。这些潜在客户还没有做决定继续行动，即使你认为他们迟早也会买的。其中一些人会继续见你，你们或许还会相谈甚欢。但是除非这些谈话中指明了改变有必要，否则他们是不会作出改变的承诺的，而你也将一无所获。

之前我正好拜访了一个公司，里面的行政领导正在看一线销售经理的渠道报告。当每个渠道报告投射到大屏幕上的时候，一位销售经理就站起来跟团队解释他的生意是怎么慢慢做成的。

我在大屏幕上面看到的图表底下有个柱形图显示推销员寻找"机会"所花的时间。当我看到有一个销售员花了1741天来做成一笔生意时，我感到非常吃惊！我打开了手机上的计算器算了一下，这是将近五年的时间。如果是在养一个小孩，他都可以要上幼儿园大班了！

这个公司的平均销售周期不可能是将近五年；好像是九个月左右。但是有很多的机会都超过了九个月；许多都超过了一千天。

我还注意到许多预计成交日期是3月31日、6月30日、9月30日和12月31日。这些日子都是一个季度的结束日。没有人的潜在客户会想在季度结尾的时候换新伙伴。销售经理很可能问推销员："你觉得这季度有望把这笔生意做成吗？"于是推销员给予了肯定的回答，然后把预计成交日定在了季度末，所以他就有更多的时间去做工作。这意味着销售经理允许他的推销员在建设过程中做不出成绩，这使他们没办法真正投入创造机会的工作中去——勘探。

我很好奇，公司现在真正有的机会是多少。当我去除那些列表上现阶段花的时间过长的交易（多于过去几年里面交易达成时间的两倍），我发现剩下的数据只有原来的三分之一！那是因为很多图表上面列出来的都不算是真正的机会。它们只能算是个引子——还有一些是很久以前的了。

你也不想自己把生意做成这样吧，那么你只有问一些自己害怕的问题，它们虽然刁钻但却有效。这是你唯一能让生意迈向成功的办法。

问题：

你和潜在客户已经想办法找出可以做的改变和进步，能让他们解决问题，离成功更近。现在是确定他们是否真的准备好要做出改变的时候了。问自己是否走上正轨了，客户有没有准备好解决讨论过的问题，你可以这样问：

我们现在讨论的问题是你和团队目前急需解决的吗？还是你有其他更为紧迫的问题需要解决？

换句话说，他们准备在这方面进一步行动了吗？或者将来再行动？他们很可能会说："对，现在时机正好。这点很重要。"或许他们还会说，他们对现在这个问题不感兴趣，将来也不会感兴趣。而你知道这点有益无害。因为如果你走错了路，早知道比晚知道要好。

不管客户因为什么原因而拒绝，你知道并理解这个理由是很值得的。所以你可以这样问：

您能告诉我现在是什么阻碍你前进吗？

客户可能会说，自己有更重要的事情要处理，所以现在没办法作出改变。这对你而言也是重要的信息。一旦你知道了他们的轻重缓急，你就有选择了。你可以努力转变他们的重点，告诉他们处理当前讨论的问题的重要性，或者当他们解决了当前的问题之后，你们再约时间讨论。如果客户接下来半年都不准备作出改变，你也需要知道然后采取措施。这并不意味着你不能做成生意，这只是说你现在还不行。

你碰到一些客户可能目前不会作出任何真正的改变，因为他们不能在旺季搞砸了生意。其他客户可能自己不能做主改变。一些客户可能需要等到团队添加一名生力军，然后再一起决定是否改变，并决定合作商。

如果你想成为一个可信任的建议者，你必须珍惜与客户的关系，而不只是把这看成一场交易。如果你现在就想客户作出改变，你要交换足够的价值。但是如果努力获得一些承诺，让你可以放长线钓大鱼，你就可以保持和客户的良好关系。记住，你要发展的长期客户，不是快速做成生意。你可以这样说：

我完全理解您的决定。您能告诉我您的计划表吗？如果什么时候您想作出改变了，或许我们可以找某个时间做一些必要的工作。

你可以利用那段时间分析对方的资料，以便更好地了解他们目前的局势，进一步找出解决方案。你需要找机会见一下客户所在团队的其他同事，让他们了解这个解决方案并把他们具体的要求加进去。你或许可以在客户同意改变之前的一个月或几个月，开始进行那些会议来调整解决方案。你需要的是一个承诺，帮助你离赢得生意更近一步。销售需要你运用自己的资源，要有创造力，尽己所能推动生意的进行。

现在假设一切进展顺利，理想客户也认为当前是个团队解决问题的好时机。你可能会迫不及待地想要更进一步，不再问其他问题。但是接下来你需要问的问题是：

作出这些改变难免会对其他人有影响，他们能够理解改变的必要吗？如果可以，他们有能力应对我们要做的改变吗？

如果组织里面有人抗拒改变后的新局面，早点知道想出解决办法总好过因为知道太晚，没有作为而导致生意失败。如果你知道有人要反对，还可以劝服他们改变对他们来说是最好的。

好的，假如一切准备就绪。你可以用以下谈话作为结束：

太好了。我们还有很多工作要做，但是您想什么时候进行发布（结束、执行、交货等）？我想在这次谈话的时候给您提供好时间表。

预定日期不是你的时间，而是客户的。当你的销售经理问你这个时间是不是确定的，你可以自信地回答："当然！"当你告诉销售经理客户建议把预定日期当作改变的时候，你需要随时准备好医疗器材帮他急救。

转折点

获得改变的承诺是区分专业与外行的分界线。论及改变的本领，以及和目标客户进行困难、有意义对话的本事，是带动交易向前，并且让销售人员摇身变成受信赖的合作伙伴的关键。外行人会避开有关改变的困难对话，因为他们不想面对尴尬的处境。他们认为这样的谈话会让自己的生意有风险，但是真正让生意有风险的是

如何区分假机会

有三种迹象表明你当下着手的不是真正的机会，而只是在做引子。这三种迹象分别是：当客户不愿意做出承诺；客户没有必须改变的理由；客户没有远见。我们来详细看一下每一个承诺。

不进行这些谈话。

客户不愿意做出承诺

要分辨你努力的是不是真正的机会，最好的方式之一是评估目标客户的承诺。如果他还没有同意给出改变的承诺，你就不能说这个机会是好的，甚至不能说是"停滞的"机会，而只是更像"一个合格的、感兴趣的引线"。我不是建议你停止追求潜在客户，但是如果你还想继续的话，必须获得另一个承诺。时间拉得越长，会议参加得越多，但是却没有让客户做出这个承诺，你就越不可能做成这笔生意——永远都不可能。

如果你真的想获得机会，你的潜在客户会意识到他要参与改变。你这样想：如果我打电话给你的三个客户，告诉他们你相信在你的客户管理关系上面的成交日期之前，你们会签订合同，他们会吃惊吗？你会担心我打那通电话，担心会因此破坏你与客户的关系？如果上面任何一个问题你的回答是肯定的，你或许只是在追求一个生意的引线，而不是真正的机会。

没有必须改变的理由

你销售的产品或者服务可能比你的潜在客户正在使用的质量高很多。你可能比竞争对手更能履行承诺。你联系的客户可能对你的工作、方法、收益，印象十分深刻。但是如果他们认为自己没有必须改变的理由，他们就不会改变。而你也做不成生意。

作为销售员，你面临的一个重大挑战就是客户自己不想改变。

他们学会了和问题相安无事，认为"这就是常态"。即使他们不是完全满意，长期以来他们也学会控制好问题，让它无法成为推动他们改变的力量。他们想有所进步吗？当然。他们被迫作出改变吗？不尽然。这意味着你的工作会让客户不是很愉快。

"等等，"你可能会这么说，"我觉得我的工作是让他们高兴，帮助他们获得更好的成绩，使他们的将来变得更美好！"是的，这些东西很重要。但是只有当客户认为需要改变的时候，你所说的这些东西才有可能。不幸的是，他们通常不会自己主动要求改变。所以，除非你帮助他们找到必须改变的理由，否则他们只会安守现状。而你目前着手的工作也称不上是真正的机会。

没有远见

有时你的潜在客户没有很强的动力改变，因为他们没有看见触手可及的美好未来在等着他们。正如我在上一章里面提到的，他们或许没有足够的机会接触其他公司或者本行业，因此不知道行业内领先的相关科技。如果他们对你描绘的美好未来视而不见，那么你们的合作之路就到此为止了。因此，你需要给他们描绘一个切实可行的美好蓝图，使他们不仅可以看得见，而且可以摸得着。你可以帮助他们成功，因为你可以不断接触、听闻、学习新发现、理论、事实和信息，你可以用这些知识激发客户，帮助他们提高效率，产生成果，取得成功。你必须利用这些信息来为客户建立远见。

幸运的是，要做到这点并不是很难。你的客户或许很担心自己的无知，想让你帮助他看到盲区，自己可能面临的风险。他想知道可以获得的机会，自己可能做的事。所以，跟他描绘引人入胜的美好未来，让机会持续运转吧。

你需要创造机会促使客户改变

你拜访的很多潜在客户会觉得你所提供给他们的机会不会比他们现在有的机会更好。他们以前也换过合作伙伴，可是最后同样的问题还是存在，他们可能就会停止改变。这就是为什么获得改变的承诺至关重要。

如果你想成为唤雨巫师，你必须要会唤雨，这意味着要想客户改变，你需要创造新机会。你是促进改变的催化剂。如果客户看不到未来，你需要帮助他们培养远见。你需要和客户精诚合作来描绘和走向他们的未来，但是当理想客户看不到成效的时候你也需要告

付诸行动

阅读下文，回答后面的问题。

销售员：似乎这些挑战使得你没办法得到想要的结果。你们现在可以迎接这些挑战吗？

潜在客户：是的，我们需要做得更好。

销售员：你们团队的其他成员对于如何改变有何想法？

潜在客户：嗯，一些人热情澎湃，有些受影响的部门则不是很

想改变。

销售员：你能告诉我是什么阻止他们想要改变吗？

潜在客户：他们对现状很满意，觉得改变很麻烦，不值得。

销售员：即使我们需要劝服他们跟随我们一起努力，你觉得这些努力还是值得的吗？

潜在客户：我认为是的。我们需要做些改变。

销售员：我能跟你分享一些主意吗？我们什么时候见一面吧，一起找出解决办法，然后一起合作告诉其他人可以提供的帮助。我可以下周同一时间过来。还有其他人需要参加这次会议，了解你的需要吗，这样可行吗？

潜在客户：没问题。我会带团队的另外两人过来。

问题：

1. 你的理想客户现在必须做出改变的理由是什么？
2. 为什么你的计划中有些机会丢失了？
3. 你需要获得什么承诺来推动这些机会奏效？

诉他们可能的结果。

你肯定注意到了，此书要求你会合作。阅读以上脚本，你可以想出适合自己的沟通方式。你也可能觉得这些问题很难回答。在下一章，我们会一起学习你可以怎样和客户合作，让生意成功的把握更大。我能建议你继续往下看，取得更多进步吗？

Chapter 07
合作的承诺

　　销售公司丢掉生意的一个主要原因就是他们相信自己的方案可以解决客户的问题。他们不会根据客户的特殊要求而调整公司的产品、服务或者结果。总之，因为他们忽视了和潜在客户合作，因此也丢掉了原本很可能做成的生意。

　　和潜在客户合作非常重要。对于如何获得他们想要的结果，你要常常找潜在客户沟通，让他们帮助你做决定。不要认为你卖的产品能够自动解决客户的问题。要根据客户的需要调整方案和结果，确保满足客户的需要。如果你不这样做，你的生意就会被那些能满足客户需要的人抢走。

变"你的"为"我们的"

"把你的提案和报价发给我们，"潜在客户会这么说，"你有什么好主意尽管告诉我们。让我们看看你们的水平。"

提供你的方案的问题在于它是"你的"，它只属于你，而不属于客户。你或许对你的方案十分满意，你或许自信它比你的任何竞争对手或者潜在客户看过的所有方案都要好。但是重要的是你要对自己卖的产品有自信，而客户相信你的方案值得他们点头就更为重要了。

你要如何保证给客户一个满意的方案呢？跟他们一起合作设计方案。你可以邀请理想客户参与设计方案的过程，把"你的方案"转变为"我们的方案"。

我们曾经拜访的一个客户在营业额上有严重的问题。我们想帮助他解决这个问题，但是我们很早就知道不可能以一己之力解决它。一旦有新鲜血液注入，公司的经理和领导就会重新调整方案。为了做出让他们满意的方案，我们约了公司的领导团队分享我们的想法，然后再约他们的团队成员一起开会达成合作。刚开始，我们会告诉客户他们的营业额很低的原因，然后他们的领导会问做什么可以改变现状。这时，我们不会立即说出我们的观点，而是鼓励他们列出一系列事项，包括调整新员工培训流程，为新员工提供指导老师或者教练。然后我们会进一步提供一系列想法帮助他们。这个过程不仅能够帮助我们成功，而且也有助于之后计划的实施——如果我们不会合作，就很难实施计划。

说实话，如果没有这次会议我们还是会作出同样的建议。但是，结果却天差地别。因为他们参与决定正确的解决办法，之后才会全力支持。

当客户公司的持股人参与设计了解决方案，他们付诸实践的行动力会更高。他们有更大的所有权，他们参与了其中，他们的执行力更强，因为他们可以得到自己想要的。当这一切都实现的时候，你就有了拥护解决方案的同盟者，因为他们觉得自己也是负责人。

做出调整

你知道要客户改变并得到他们想要的结果需要客户做什么。你的想法很坚定。他们可能会尝试、鉴定和测试。但是这些想法还是你自己的。为了赢得客户的生意，你可能会尽可能完善给客户的方案。谁知道怎样才能把你的方案从"优秀"变得"完美"？就是理想公司的客户。

举个例子，在我的一个公司里，我们提供给客户公司员工现场管理指导。我们会派现场经理人到场管理新员工培训流程、员工关系还有所有的行政工作，他们就像客户和我们公司之间的桥梁。

与我们合作的一个客户很喜欢这个主意，但是需要一些不同的东西。他们不需要处理常规工作的现场管理员，而是需要人手监督我们提供的员工的工作。他们解释了自己的需要之后，很明显我们的方案不适合他们，并不能为他们提供真正需要的东西。他们需要的是特别的服务，我们目前还不能提供。对客户来说，他们肯定不能接受这点。所以我们一起合作，创造出了一个新的岗位。我们以前从来没有提供过这种服务，它需要我们彻底地改变我们提供的服务。我们公司执行起来困难很大，但是却会让客户更能认可我们的提议。最后，我们不仅赢得了生意，而且创造了客户需要的成果，并且给我们公司开拓了新的业务。

当你提供的服务不满足客户要求的时候，你必须要做调整。就像我们公司创造的新岗位。如果你的提议不能满足客户的要求，客户肯定会拒绝。

让我们探讨一下做调整。有时你需要对解决方案做调整，你必须做些不同的东西，或许是你以前从没尝试过的事物。我们创造的新岗位在我们公司里面并不是很受欢迎，这意味着我们需要现场管理员做的某些工作将会被另一些人取代。在公司内部进行销售要比卖东西给客户难很多。如果你想做个成功的销售员，你需要在公司内外都会卖东西。要想做成生意，你必须改变流程、投入更多资源，或者发展一个新项目。你在这本书里面学到的东西都可以轻易地在公司里面实施。事实上，如果你和理想客户合作做出改变，你也很可能需要在公司内部合作。

你的客户可能也需要你做出改变，以便得到更好的结果。他们或许需要改变自己一贯的行事方式。他们或许需要自己做出调整，很可能是一些自己不想做的调整。劝服你的理想客户的重要持股人改变行事方式也非易事——这就是为什么我们把它叫作销售的原因。在以上案例中，我们必须让客户改变方案的定价方式，来符合他们的要求。

合作洽谈

合作就是双方或多方同心协力激发新灵感，收集各成员的反馈，然后做出调整。在真正的合作中，各方一起合作做出成果并将其优化。和你的潜在客户进行合作可以极大地增加你做成生意的机会。最好的方案总是来自大家的集思广益。而且由于你需要对客户的需求很了解，所以你必须能够提出让客户满意的方案。

但是首先你需要得到客户愿意合作的承诺。你可以这样说：

我有一些想法要跟您和您的团队分享，然后希望你们能够给我反馈，告诉我们哪里做得不好，哪里要根据你们的需要改进。您认为我们还要叫谁一起参会，下周哪一天最合适？

注意你不仅要叫你的潜在客户一起合作，还需要跟他们约好时间，这个程序贯穿整个销售过程。

合作或许需要你的潜在客户和你，或者潜在客户，他的团队以及你共同参与。总之，如果可以的话，任何参与到最后决策的人都最好要参与合作。

为简单起见，先只分析你和潜在客户合作的情况。

开始权在你手中。刚开始要提一些让你的客户感兴趣的东西，比如说，"我认为这些方法可能奏效"。然后大致告诉他们一些初步的想法和解决办法，能够帮助他们得到更好的结果。这个初级纲要跟你的最后陈述不一样，你只是在推敲想法，而不是正式陈述，你甚至可能没有PPT，由于你后续还要继续探索，初级纲要甚至可能跟你的最后提案迥然不同。一旦你完工了，就向潜在客户要反馈，请他们提出自己的建议和想法。只有那样你和你的客户才能开始做调整。

你陈述了之后，不擅于合作的客户可能只会说："看起来很棒！"然后自己就不提任何其他的想法了。但是我要提醒你，不要认为这是客户的真实想法。他们可能只是有所担心，或许没有意识到你愿意尝试新方向。所以一定要鼓励潜在客户表达自己的想法。直接问："您对这个方案哪里不满意，哪里需要做出调整？"你也不想白忙活了大半天，结果以失败告终，只是因为没有意识到你的解决方案不合实际吧。

但是很有可能，你的潜在客户会直接说清楚他们想看到的改变，而你需要努力做好这些改变。但是你也必须理解他们想要这些改变的背后原因。你可以这样说："我理解您想要做出这种改变，这是个好主意。但是您能指点我一下，告诉我您为什么想要这样做吗？如果不这样做的话会有什么问题？"一旦你了解了客户的想法，你可以进一步问客户："如果我们根据您的需要做出了调整，您觉得可行吗？"

在找到有效的方案之前，你必须提出很多建议，作出不少改变。如果你只是和一个人做生意，设想你还没有和那些能影响决策的人谈过，要意识到其中一些人可能会反对你的提案，因为你没有满足他们的需求。尽己所能安排洽谈会，并邀请更多的持股人参加。

好，现在让我们来假设一下，你们合作的进展十分顺利，或者你运气爆棚，所有与会者都觉得你的提案看起来十分完美，没有再变动的必要了。然而，你还需要问自己，"你还需要做什么来让一切变得恰到好处呢？"你需要准备齐全，收集所有必要信息，作出适当调整，从而得到客户首肯。

建立长期合作关系的关键

如果你以为一旦你将完美计划呈现给客户，或者你的潜在客户在合同上签名，让他奇迹般地变成了一个有利可图的雇主之后，就没有继续合作的必要了，那么你就大错特错了。合作可持续终身，而且能让你们受益无穷。合作是发现新机会，创造新价值，解决问题，提升给客户的服务的最佳捷径。如果你和客户的话题中心是"我们接下来该怎么做""我们如何能让事情变得更好"，那么你的角色就从一个商人或者供应商转变成了客户的战略伙伴。而客户也会把你们关系的基础建立在团队精神和合作上，而非冲突矛盾。将来，无论何时出现问题，你和客户都会胸有成竹知道如何解决它们。你们也会知道面对挑战时该如何提出最有效的解决办法。你们之间的信任会不断增加。你也因此获得了创造新机会的权利。

付诸行动

阅读下文,回答后面的问题。

推销员:以下是我们今天需要讨论的一些内容。经过讨论可以让我们做好计划,得到您想要的结果,将来您想要提升能力也能更有方向。您觉得什么是正确的解决办法?

潜在客户:我们想要探讨出一个方案,能够帮助我们继续我们现在正在做的三项工作。我们不能失去这些能力。

推销员:我明白了。我们需要保证你们在这三个领域能继续前行。

持股人1:不管我们做什么,都需要与现有体制相结合。在两个体制之间摇摆不定是行不通的。我们必须要有一个切入点。

推销员:统一很重要。我很明白这点,我们能做到的。我们保证不管我们提出什么方案都会和你们现有的体制完美融合。

持股人2:我们会有一个专门的联系人吗?我们日常和谁联系呢?

推销员:并非如此,因为我们是以团队合作方式运行的。您能告诉我为什么要求单人联系吗?

持股人2:如果我们的团队要和不同人工作,把他们都带到轨道上来会很费工夫。没人喜欢重复工作。

推销员:实际上我们公司会分配三个负责人给你们公司,而且他们对你们的工作很熟悉,工作很贴近。这样可以吗?

潜在客户：我不确定。听起来好像比只有一个人要好一点，但是我不确定这样跟有一个很了解我们的人一起合作有什么区别。

推销员：好的。要不然我先向您展示我们工作的方式，然后您再决定这样是否可行。如果您觉得不行，我们是否可以选出一个团队领导，这样我们也能及时掌握主要信息，来推动工作进行。

持股人2：容我们再议。

问题：

1. 为了制订计划，达成合作，你需要见谁？

2. 当你已经赢得生意了，但是执行的时候出了岔子，可能是因为客户方的谁没有得到自己的需要？你需要作出什么改变？

3. 为了赢得生意，你过去必须作出什么调整和变化（它们对未来目标达成也有帮助）？为什么要作出这些改变？

你的团队里有谁现在需要真正阅读此本书？你能邀请他们加入，我们能集思广益吗？

Chapter 08
达成共识的承诺

合作就是和某人一起工作从而生产或者创造某物。共识是整个团队达成的意见或者立场。这两个承诺相辅相成。合作需要人们同心协力。而达成共识需要人们齐头并进。所以，你或许需要共识来让人们达成合作。而当你们就某一方案合作之后，大家必须有一个共识——大家一致同意，这个方案是整个团队都想执行的。

如今，在许多大公司，共识就是关键。某些有身份有地位的"决策者"也不想孤立无援了。实际上，除非是在被逼无奈、紧急情况下，他们也不想独自做决定。现在领导们都不想作出会让属下十分反感的决定，他们不想让将受决策影响的人协助决策，因为这样会导致不必要的麻烦。所以如果以前有人告诉你需要找到某个"重要人物"合作，比如说有着首席头衔的人，现在决定权更可能分配到更多的持股人手上了，他们在决定改变时都有发言权。这就意味着你不再需要某个决策者。你需要达成共识。

> **权力握在谁手上？**
>
> 我曾经在一家潜在客户的公司做过一次演讲，听众有十四人。演讲接近尾声的时候，我已经回答了三到四个问题，但是我突然意识到这十四个人当中有大部分人可以否定此次生意，但是没有一个人有权利同意。谁都没有独立决策权。
>
> 在问答环节，我试图找出某个至少有权利发动改变的人。然而我发现客户公司的许多问题并不是针对我，而是针对供应商、人力资源经理和技术人员。只要他们当中的一个人回答了问题，他们就会立即把问题的矛头指向另外两人。
>
> 我抓住机会，决定分别和这三人会面。首先，我见了供应商，他把我介绍给了人力资源经理，然后我就直接获得了和那个公司合作的机会。（结果证明，那个技术人员对决策过程无足轻重）很明显，在那个公司，决策之前需要达成一致意见。但是并不是每个人都有决策权，所以我需要找出权力握在谁手上。

为什么领导喜欢达成共识

如果你想知道决策之前需要达成共识，你得了解公司领导为什么采用此方法。道理很简单：领导在重大决策上需要众人来"买单"——也就是说，领导需要那些被决策影响的人保证从一开始就会参与到改变中去。如果领导没有获得众人买单，那些真正负责执行的人就无法坚定，他们不见得会投入时间、资源和精力去得到想要的结果。一些人不会努力改变，而另一些人或许会主动拒绝改变。反过来说，如果这些执行改变的人有权参与决策，达成共识，他们会对决定更加上心。而领导也可以落实他们的职责，推动进程。

甚至对于那些不想改变或者事不关己的人来说，以上道理也通用。共识并不要求全体一致——只是为了让每个人都有机会参与、发言、分享、合作、减少挑战以及投票。为了集体的利益有些人必须妥协，但是所有人都必须对执行变革负责。一旦大家都同意发动改变，所有成员都需要全力推动。

对达成共识的恐惧

在做重大决定之前达成共识或许对于生意是件好事。但是对你而言推销却变得更难，因为有更多人参与其中。你需要确定和接近这些人，或许还要跟他们代表的持股团队打交道。不幸的是，因为某些原因，或许你的潜在客户并不愿意告诉你这些人的身份，因为他们害怕失去控制、惊动内部人或者延长销售过程。

害怕失控

你的潜在客户可能会担心，要是任由你接触其他利害关系人，你们可能会私底下把他踢出局。也就是说，他害怕失控、不能主导方向。

他或许认为藏藏掖掖能够保护自己的利益。但是如果其他持股人不能及时参与，你在制定方案的时候可能就不能充分考虑到他们的需求和想法。你和客户都需要持股人的支持。如果你在制定方案的时候让他们参与其中，让他们有权利控制，他们达成共识会容易很多。

害怕惊动内部人

你的潜在客户或许害怕让持股人参与讨论会引起内部员工的反抗情绪。在任何公司里面，现状都根深蒂固。如果要实行你的计划，一些人就要被迫接受改变，而很多人会抗拒改变。反对的人可能是整个部门或者是那些丝毫不受你的方案影响的部门。例如，你在跟某家公司推销薪酬管理服务，但是你会发现反对你的是此公司的信息技术部，因为他们不喜欢你的安全需求；或许采购部在从中作梗，因为持股人不许他们主导购买过程；又或许某个公司内部职工跟你的竞争对手关系紧密，而他们有权利也乐意反对你。因为诸如此类的原因，你的潜在客户或许就会推迟让你和其他持股人联系，至少目前是这样的。

害怕延长销售过程

你的客户不想其他持股人加入可能是因为他害怕这样做会延长销售过程。加入更多的人意味着需要开更多的会，进行更多次谈话，处理更多分歧，花费更多时间。他或许还害怕某些反对他的主意的人会试图"拖延时间等待终场"——也就是，阻碍进程直到改变的提议渐渐搁置。这样的情况我已经看过许多次了，即使有些时候改变很有必要。

这些害怕都是真实存在的。但是潜在客户错在认为跳过或者推迟达成共识会比正面面对更好。实际上，如果不开多余的会，那些没有参与的人经常会反对改变。他们会干预决策。把那些终将获得发言权的人排除在外只会导致更大的障碍，因为没人有权利热心邀请他们参与。

在人际关系中，快即是慢，慢即是快。如果你想加快创造机会、赢得机会、向客户展示成果的进程，请你放慢脚步。做那些能帮助你得到必要承诺的事，从而帮助你最终获得决定的承诺。如果你想放慢整个销售过程，试图多花点时间在一些你需要的承诺上，特别是构建共识的承诺。许多——即使不是大部分——销售员都跳过了这个承诺，这就是他们生意失败的原因。他们的许多客户都怂恿他们跳过此过程。

不达共识，不成生意

你真正需要注意的危险是"不决策"，也就是拖延决策。如果你不决定，很可能在问客户要决定的承诺的时候会被拒绝。你嫌构建共识麻烦，不想去做，但是这个决定也会随着时间生根结果。最后你只会更早失去机会。

你拜访某个持股人的大部分时间——即使你认为他是决策者——也只能让你一无所获。即使这个持股人正是要你卖出东西的人，或者即使当他有能力独自同意和你做生意，以上情况也成立。渐渐地，决策者就会拒绝独自进行决策。

仔细看一下你现在正在进行的交易，其中哪些只是和一个持股人做的？如果你卖的东西是战略性的，有一定风险，要求大量投资，孤注一掷并非明智之举。购买的决定不是一个人能做的。如果你不知道谁才是做决定的人，那么你的生意也会有陷入险境。

回顾一下前几次和客户开会时你做的笔记。有多少次你是只和一个持股人见面的？如果屋子里有好几个人，你有跟他们都进行必要交谈来确保得到他们的支持吗？如果你不知道自己是否得到他们的支持，那么你的生意就会有风险。

如何获得构建共识的承诺

如果你知道需要让其他人参与讨论来促成改变，你需要在很早的时候就和联系人进行沟通。你要让客户意识到构建共识是必要的，你也会帮助他们得到共识。记住，掌控承诺就是掌控过程。一旦过程失控，也就没办法做成生意。

如何掌控过程呢？首先，通过和客户分享过程来预判你需要的承诺，然后努力赢得要求那些承诺的权利。当你无法掌握过程，形势将会对你不利。

刚开始，你需要让潜在客户同意构建共识一事。你可以说：

"不久后我们将要让那些参与决策的人一起交流。您觉得需要让谁参加，什么时候让他们加入讨论比较合适？"

如此简单的一个问句却包含了很多东西。你已经预估了有别人会参加讨论，你需要他们参与讨论，而潜在客户本人也同意以上两点。然后你再问潜在客户什么时候让别人参与讨论比较合适，这样你就进一步控制了过程。你希望他会列出一个名单，确认下次会议就可以让别人参与。但是事情并非总是如你所想。

假如他这样说："我是唯一做决定的人。我想还是不要让别人参与了。"

如果这话没有吓到你，那你也是很厉害了。你要知道如果只有一个持股人做决定的话，你很难做成生意。独断独行太过冒险，你更可能败给维持现状而找不到通往正面成果的路。客户说的是实话吗？也许吧，但是这种情况却不太可能发生，即使在小生意中。大多数时候都会有许多个持股人。

你可以这样回答："我理解您对让其他人参与讨论有顾虑，我能跟你分享一些东西吗？"等他答应了，激发他有知道更多的欲望时，然后继续说："根据我以往的经验，如果我们不让任何人参与整个过程，他们之后要么会反对我们的决策，要么会阻碍我们执行。找出那些会参与决策的人，然后赢得他们的支持，这样我们就不会对这件事失去控制。"

或许你也可以这样说："现在我们能让哪些人参与来支持我们？并且还可以帮助我们赢得需要的支持？"

注意，对于你和客户来说，以上做法都不容易。你的工作是尽己所能服务客户，即使当你遭遇挫折的时候。你可能没法一击即中。如果你的潜在客户告诉你他自己就可以做决定，或者他一个人就能给整个团队做主，你需要运用一定技巧再次询问，找出还有谁在推动进程的时候举足轻重。你还可以试一下另一个办法，"谁会支持这个决定，可能会帮助我们确保每个人都能得到自己想要的？"

如果客户暗示自己知道阻力来自哪里，你就可以直接问他，"您觉得谁会阻止我们的决定？"

一些持股人会反对改变，因为内部政治争端或者因为不符合他们的产期目标。但是很多时候，他们的考虑都是很现实的。你需要对症下药。

例如，你的潜在客户说信息部门或许会反对改变，因为他们已经不堪重负了。你可以回答："有办法让他们获得其他资源吗？这样他们就可以支持我们了。"

如果你帮助客户铺平改变之路，他们也会更喜欢跟你合作。为何不呢？你的价值体现在知道如何做出改变，体现在帮助客户达成共识，在公司内部发动变革。

构建共识的承诺并不容易获得。但是一旦你行动了，你就会让自己变成一个有价值、高效率的伙伴——知道如何实现变革的人。有此种能力的人并不多。

记住：合作的承诺和构建共识的承诺相辅相成。为了合作，你需要让对方保证多让一些人参与过程。为了构建共识，你必须与对方合作，设计出可行的办法。这就是为什么即使在你致力于获得合作的承诺的时候就要为获得共识的承诺铺路，反之亦然。

付诸行动

阅读下文，回答后面的问题。

共识一

推销员：为了让方案奏效，我们需要贵公司的甲部门参与进来。什么时候让他们参加比较好呢？

潜在客户：不要。你不知道他们有时候有多难对付。

推销员：哈哈！可以想象。嗯，可是我们不能永远躲着他们。他们迟早会知道我们在干的事，我们不让他们参与的时间越长，他们就会越难搞。他们部门有谁可以倾听我们的意见并跟我们一起探讨吗？

潜在客户：吉米。他是整个部门唯一通情达理的人。

持股人1：对，吉米不错。他早就想作出改变了。

推销员：我们能让吉米加入吗？

共识二

推销员：吉米，感谢你加入我们。我们将要讨论的内容会对你的部门有一定影响，但是我们一定会让你和你的团队参与到这个过程中来。你能告诉我们怎样做会影响到你的团队吗？

吉米：嗯，这样做会让我们的工作更难做，即使这对整个公司有好处。它意味着必须改变我们现在的行事方式，我们需要比现在花费更多的时间和精力。

推销员：你能具体告诉我现在我们讨论的改变为什么会使你们花费更多的时间精力吗？

吉米：我们的项目委员会已经满了。加入此项目意味着我们需要停掉另一个项目。我们做的项目都很重要，现在大家都在赶着提交。所以处理你说的问题会耽搁其他行程。

推销员：如果我们能解释作出此改变重要的原因，那些不是很重要的、可以延迟一下截止期限的项目能不能先放一放？

吉米：如果真的有可以延迟提交的项目，我们早就不去费那么多工夫了。延迟已经在进行的项目只会增加新的工作量，这会让我的团队士气大减。

潜在客户：如果你的团队能够增加成员呢，吉米？如果我们能帮你找到资源会怎么样？

推销员：我们在哪能找到这些人？

潜在客户：我们可以把吉米部门负责另一个项目的人调几个过来，还可以请求外部供应商帮助。

吉米：如果我们要请外部供应商来帮忙，我会在他们参与此项目之前先让他们负责其他项目。现在我就在处理技能缺口的问题。

推销员：从理论上说，如果我们能从其他团队请几个人来帮助，而且请外部供应商给你们提供必要的帮助，这样可以吗？你们还需要别的什么吗?

吉米:我们还需要更多时间。

推销员(对潜在客户):我们能接受吉米的计划吗?

潜在客户:我们当然想要加快进程,但是我们必须要做好自己该做的。

推销员:好的,我会列出详细计划,标出重要事件,下周我们一起商讨,可以吗?

问题:

1. 做出购买你的产品、服务或解决方案的决定通常会对你的客户产生影响吗?

2. 实行方案的时候,谁会试图阻止?什么原因导致他们这样做?

3. 你的方案会产生一些变化影响不同部门的人,你通常需要作出什么交换来让他们满意?

4. 你现在做的交易中,有几个是客户方只有一个持股人代表的?

要想从此书中大有所得,需要你投入与此相称的时间。这比你花在某一本书中的时间要多很多,但是这也是你唯一能获得承诺的方法。现在你愿意投入时间来获得更好的结果吗?

Chapter 09
投资的承诺

在继续下一步之前,你需要潜在客户同意投入必要的时间、精力和资金来得到想要的结果。这意味着你要议价了——就是现在——如果你还没开始的话。"什么?"你可能会大吃一惊。"这样是不是有点为时过早了?难道不该等我提交方案之后再议价吗?"你可能觉得如果太早就开始议价,如果你报的价格比竞争对手要高,可能还没机会给客户创造价值就把他们吓跑了。

很多销售员确实只有到了提交方案的时候才会报价(他们如此行事由来已久),但事实却是:如果到最后才开始议价,竞争对手会拿你的价格做文章,客户也会因此让你打折。但是如果你卖的东西质量更好,那么价格高点也无妨,你压根就不需要通过压低价格来提升竞争力。一旦你的公司明智地决定通过提供更大的价值来脱颖而出，你就可以比竞争对手要价更高。你也不用靠价格竞争取胜了，而是通过价值。这意味着你可以更早发现客户心理价格与价值孰轻孰重。但是如果客户更看重价格，那么你和他做生意就是浪费时间了。

一些提供高端产品或服务的推销员实际上是在用高价表示自己所卖东西的高价值，以此来试一下水。他们知道如果客户因为价格而犹豫，最好及早发现、及时离开。因为如果在你做了一堆工作之后——创造机会、构建美好蓝图、跟重要的持股人达成共识——然后却因为客户发现你的价格过高而生意失败，这样就得不偿失了。他们当然有可能被价格吓到，他们还可能认为你是故意不告诉他们价格，等到最后的时候再揩油。总之，尽管你不想太早议价，但是这样做对你的公司来说并没有好处，也不能"维持"生意。

不要浪费时间

有些客户最终只会浪费你的时间，他们包括：不理解你的价值主张的人，无法投入的人，和你的生意策略相悖的人，或者只是因为他们觉得事情已经"不错"而不愿意花钱的人。有一些潜在客户永远也不会看重你的付出、你的方法和你提供的更大的价值。就算你卖的是你那类商品中的奔驰，他们也不愿意掏钱。例如，像沃尔玛这样的公司就是根据价格竞争的，他们更想在供应商中得到更低的价格。对于他们而言，你提供的产品、服务或者方案有多好都不重要。所以你最好早点发现这个道理然后尽早抽身。

总之，尽管你可能害怕丢掉机会，但是也不要到最后一秒才开始议价。早点议价可能会让你以更高的价格赢得生意。迈出脚步。如果你不能获得投资的承诺，是时候寻找其他机会了。

在你向客户征询决定的承诺之前要决定什么是必要的投资。

投资不足的危险之处

大多数时候，要得到更好的结果也需要更多的投入。许多人只愿意收获却不愿意付出，这是人之常情。（有谁不想快速得到物美价廉之品吗？）而有些人确实也相信他们能做到。你可能遇到一些潜在客户在不同的供应商之间周旋，总想少花点钱。当看见结果令人失望的时候，他们就会吃惊困惑。他们不明白"又快又好"的东西压根不会"便宜"。经历过几次失望之后，他们觉得去买更贵的产品或者服务似乎不安全。他们对于你承诺拿出优秀的成果很是怀疑，害怕花了钱结果却还是失望。他们只是不相信会得到你承诺的价值。

你的工作是帮助潜在客户明白他面临着更大的危险——比增加投资大得多的危险——是投资不足。如果你的竞争对手可以用更低的价格给到客户想要的结果，他们早就已经拿出成果来了。如果价格是客户唯一的考虑，那么他会在"逐底竞争"中不断地从一个供应商换到另一个供应商，而"赢家"的奖励是微薄的利润、问题客户和惨淡的生意。

我自成年起就从事于人力行业。我的一些客户的企业宗旨上说人是最好的资源，但是他们却对此投资甚少。我见过一些客户急匆匆想付低价，结果却花了更多的钱，因为有些服务收费过高。我看见一些公司因为投资不足，计划失败，丢掉客户，也就是说他们花的钱太少不足以吸引到优秀人才。

我学到的道理是：如果一个公司想要获得更多，就得付出更多。没有又快又好又便宜的东西。

我还学会了要以价格做引子，我会这样开始谈话："我们可以帮助你得到想要的结果，但是我们的价格会比你现在付的要高。"

以上陈述对客户有好处，因为它告诉客户需要投资什么。这样说也能让你成为一个可信任的建议者，因为你会告诉对方，他需要做什么才能创造想要的结果。

创造价值，说明差距

你的理想客户不可能很快得到物美价廉的东西，没人可以。因为这有悖自然规律。如果他们想要得到更好的结果，就要投入更多。如果他们想要高关怀、高信任、高价值，他们就要付出更多。投入更多自然更可能得到更好的结果。投入更少也会收获更少，而且会出现更多问题。

如果你的理想客户想要少花钱怎么办？那么他们必须承担起廉价方案带来的后果。"等等，"你会说，"少花钱怎么会有高代价呢？"当你的理想客户花低价的时候，他们也放弃了更快和更好的可能。他们制定方案的时候不愿意花钱，就会因为资金不够得不到好结果。什么时候花更少的钱还能得到更好的结果了？当某人不想花钱的时候，也赚不到钱。

想想看有多少次你买了便宜的东西，使用起来却只是失望？多少次你因为投入不足结果后来花了更多钱？你难道不想有个好心人告诉你真相，帮助你投入更多，避免日后付出更高代价吗？

你的潜在客户不能得到更快更好更便宜的东西，而你也给不了他们。如果你能做的只有帮助人们冒险通过低投资获得高回报，那么你也没办法赢得别人的信任。低投资高回报这种事情是缺乏进取心的商人做的。

敢于提价格

如果你的价格比竞争对手的要高，你必须要能够"说明差距"，或者解释你和对手之间的不同，让潜在客户觉得付给你高价格是值得的。这可能会很难，但是你得做到。你可以说："我们的价格比对手的稍微高一点，比你现在付的价格也稍微高一点。能让我告诉你怎样通过多增加一点投资来收获更好的结果，而且可以降低整体的费用，可以吗？"

以上说法可以让你处于进攻而不是防守的位置。这样不会让客户想要抱怨价格，相反，你在教客户思考怎样进行必要的投资，以及怎样收获更好的结果。而且，当客户团队问客户为什么要付更多钱的时候，你可以提供给客户必要的信息让他来解释。这时候提醒客户你已经为他们创造的价值，也能帮他们认清为什么你的价格会更高。

为什么说客户付的钱越多，收获越多，有以下几个原因：

- 得到更好的结果。
- 你的产品使用期更长，这意味着客户整体上支付的钱更少。
- 你的客户应对挑战所花的时间终将有所回报。
- 得到一次更好的经验。

使用你的产品或者服务所付的价格要比其他产品或服务优惠很多。以下是一个价格对比费用合理性的例子。我和我的团队曾经赢得一个公司的生意，此公司因为经营方式的问题生产线经常缺人。也就是说，这个公司常常在最后时刻打电话给我们，希望我们能找到替补人员，因为他们的人要么请了病假，要么没有过来。但是当他们通知我们的时候，通常已经很晚了，很难找到合适的人，所以这个公司最后只有关闭生产线，把员工都遣散回家。关闭一个生产线他们会损失5700美元的利润，所以无论公司给我们提供的替补人员支付多少钱，也比他们关闭一个生产线损失5700美元要强。为了避免关闭生产线，我们提议给此公司每天额外提供两人作为"保险政策"。而他们为"保险政策"所付的钱比关闭生产线一周损失的利润要少很多。此公司付了更多的钱，这样我们便可以给予他们巨大的回报。

方案之前先有投资

当客户给的钱比较少时，你需要让他明白，资金不足时，方案制定、理想结果都会受到影响。他本不该如此。应该是用资金来驱动方案产生，而不是相反。你的潜在客户不能指望花着汽车旅馆的价格住到丽嘉酒店（世界级豪华酒店）里，也不能用起亚的价格买下一辆奔驰，更不能用在麦当劳买一顿晚餐的钱在三星级米其林餐厅里吃饭。当购买你的产品时也是这个道理。要知道你的客户能够并愿意投资的费用，如果比你要求的价格要少，尽可能按照客户的投资价格制定出一个方案。你可能必须削减掉原本计划的部分内容，还是要尽可能要最高的价格。要保证你能为客户的投资做出最好的方案。

更大的价值是分水岭

很多推销员害怕自己的价格过高。但是高价格意味着高价值。我们在买东西的时候通常会把价格作为首选。在我的一个讲习班里，我问学生他们买什么通常会挑最便宜的买。他们通常会说"剃须刀"或者"汽油"这样的东西。当然，总会有人喊出"厕纸"。但是当我问有多少人会尽己所能买最便宜的厕纸时，大家都笑了，但是没人举手。为什么不呢？因为我们都知道便宜没好货。他们也不会买最便宜的咖啡更不会驱车数英里只为了省几个油钱，因为大家都知道开车那么远去找便宜的加油站所花的油费比省下来的更多。

你所要的高投资实际上是你的一个竞争优势。通过这点你可以在客户面前表明你比竞争对手更好：证明你能创造更高的价值。所以当你隐藏起你需要花费更多的事实时，只是向客户表明你没竞争对手好。买家会觉得如果你卖的东西物超所值，那么你在讨论投资的时候压根不会犹豫。所以早点说出你的高价格，证明你有最高的价值和最好的方案。

在计划中不谈价格的人，是不会被当作可以信赖的顾问的。想卖东西又避谈价格的人，不具有营造信任关系的技能。这种销售员只想让销售变得更容易，而不是成为战略性伙伴。

你的理想客户会寻求能帮助他们判断得到更好结果是否需要更高投资的人问建议。你需要成为帮助客户作出正确投资的人。

告诉我你的价格

如果你想获得投资的承诺，你需要说对话。请直接表明你的价格会比较高，以此来做铺垫。你可以这样说："我们的方案不会是最便宜的。你会看到其他公司开出更低的价格。对你来说，通过多投资一点得到想要的结果，避免已有的问题是不是更有意义？"

通过这样说，你就把投资和回报绑在一起。你也给自己定下了"更高价值"的标签。

但是假设你还不知道客户会投资多少，你还需要进一步查明。想获得投资的承诺，你可以这样说："正如我们之前所说，我认为正确的方案应在甲乙之间选择。这样您可以接受吗，还有这个投资能够得到你想要的结果吗？"

早点征得客户的同意会为你之后制定正确方案铺平道路，避免日后进行艰难的谈判。因为你们早就对投资成果达成共识了。

现在让我们进行下一步。你们已经定好价格，正等待那些不可避免的疑问或者顾虑。或许没有客户一开始就同意你的报价，尤其你的价码又比较高。所以准备好应对以下问题。

这超过我们的预料了

这或许只是客户的试探。不要反应过激，然后开始喋喋不休地谈降价，或者问销售经理能不能有点别的法子。只用提醒客户他增加投资能得到什么。你可以这样说："我理解。我们合作的很多公司没能得到自己想要的结果就是因为他们投资不足。你们现在的投资不足以帮你获得理想结果。我们的价格能够给出理想结果，而且能减少你在其他方面的高额花费。为了得到我们努力想要获得的成果，是不是应该多投资一些呢？"

我们预算不够

对于自己真正需要的东西，每个人都有足够的预算（或者他们能想办法凑齐）。或许你必须帮助他们找到预算。你可以说："我们要做什么？"要强调"我们"这个词。记住，你必须成为潜在客户的伙伴，帮助他找到这笔钱。比如，你可能必须要做一次投资收益计算来说服他，现在他已经在花这笔开销而自己不知道了。

你可以说："如果不做这项投资，你将永远在原地踏步。如果投资是正确的做法，我们也都这样认为，那么怎样才能找到你需要的预算呢？"

你也可以说："如果投资不足，预算打折的话，那么结果也会打折。我们能够找到预算吗，或者我们应该找不同的解决方案吗？"

如果你的潜在客户真的没有足够的钱，或者现在没办法得到，你或许需要改变你的方案。如果你能少提供一些，而客户仍然能改变现状，那么改变你的方案也许是合理的做法。

你的竞争对手价格更低

客户肯定会砍价，那是他们的工作。他们有义务让公司的钱花得值。所以他们总会说你的竞争对手价格更低。你可以承认这点，然后说："没错，他们向来比较便宜。"

你可以让客户先坐片刻。然后继续说道："他们是个好公司，有许多优秀的人在那里工作。我们只是为了得到客户想要的结果而投入更多罢了，我们不会像他们一样打折扣，给客户较低的价格却得不到理想的结果。我们的模式完全不同。这就是我们在你想有所作为的领域取得更好成果的方式。如果让你多投资一点但是能得到更好的结果，不是更有意义吗？"

你也可以说："是压低我们的报价重要，还是总体成本更低重要？"然后解释一下价格和花费时间的区别。我知道的一个年轻的推销员是这样解释的："我太穷了，买不起便宜货。所以我必须买上等的衬衫和鞋子，因为我没办法一年换三次。"

一旦你获得了投资的承诺，你在销售进程中就迈出了一大步，然后就可以全心准备制定方案了。要保证你的方案充满价值,让潜在客户没法抗拒!

付诸行动

学习以下剧本,想好你该如何和客户对话,回答后面的问题。

推销员:我已经初步制定了方案,预估整体方案需要花费75万美元到82.5万美元,加上聘请外部供应商的额外费用,我们现在正在寻找这一方法。

潜在客户:哇!这比我预想的要多很多,我们没办法支付。为什么要花这么多钱?

推销员:有几个原因。首先,你现在的伙伴低估了你的理想结果需要的投资。他们的方案不错,但是效率不高,跟不上你现在的工作量和即将增长的需求。其次,你现在遇到两个瓶颈,原因就是生产能力没跟上。如果调整投资额,问题就迎刃而解了。增加投资额到7.5万美元或者更多,生产能力会增加,投资回报率也将非常可观。你的收益将会翻一番。我们也会相应地在支持和服务上增加投入,所以你们就可以免去维护费了。我们的价格比你现在付的要高,但是你们总体付出的代价将会大大减少。

潜在客户:我知道让生产量加倍是值得投资的,但是我不太了解你说的后续支持和维护是怎样的。

推销员:我们制定的维护协议将会减少你们30%的花费。我们团队帮你维护的费用要比外部供应商低,这是我们的方案。我能跟你解释一下吗？

去年，你在支持工作上花的时间超过两百小时，费用超过4万美元。但是在我们服务里面的同等支持只需要花费2.9万美元。总的来说，你要花费比现在多10万美元的费用。多投资一点，让生产力加倍并减少现在面对的挑战，难道没有意义吗？

潜在客户：我的团队担心增加了花费但是却得不到想要的结果。

推销员：我理解。换位思考一下，我也想在改变之前确定所花的时间和努力是值得的。能邀请你的团队参加一次预提案会议，跟他们商讨一下具体方案，然后收集他们的反馈吗？他们可以告诉我们自己的担心，我们也可以调整方案来保证他们得到自己想要的结果。

潜在客户：可以。我们继续合作之前希望得到他们的加入。

推销员：我们能邀请操作团队和信息技术团队一起参加此次会议吗？

潜在客户：可以请一些人来参加。我会确保每个团队都会来一个代表。

问题：

1. 当客户投资不足的时候，会产生什么样的后果？
2. 客户投资不足为什么会比支付你的高价格总体花费更高？
3. 你凭什么收那么高的价格？

4. 你为什么要到生意快要结束时才透漏价格？提前报价会如何帮助你的客户避免投资不足？

我知道你可能没料到这么快就把本书读了这么多。如果你觉得不错的话，让我们继续一起破浪前行，学习回顾的承诺。或者我们能明天继续吗？你觉得现在继续还是明天继续好？

Chapter 10
回顾的承诺

截至目前，你已经成功跟客户获得了探索的承诺、改变的承诺、合作的承诺、达成共识的承诺和投资的承诺。是时候把你的提案展示给所有参与决策的持股人看了。你可能习惯这样的流程：提交方案给客户，展示你的方案，感谢客户的时间，然后守株待兔直到他告诉你他的决定。毕竟，现在只有让客户自己决定要不要买了，对吗？

大错特错。如果你止步于此，就是放弃了对过程的控制。离客户最终下决定你还有几个承诺要获得。当你展示完毕的时候，销售过程和你的职责并没有结束。如果你不想到销售过程结束，只听到客户说："对不起。我们决定换方案。"你需要确保要到客户决定的承诺。

你要如何做到呢？首先，你得获得回顾的承诺——也就是说，在最终达成方案之前再回顾一下。把它看作获得预提案会议的回顾。你要向所有持股人展示你的初步方案，这样他们才能浏览它，给出回馈。他们的回馈可以让你做出改变，再次尝试。谁说你一定要第一时间得到回复？一旦你知道了持股人的想法，你可以做出调整，确保做出适合潜在客户的方案。

> **另辟佳径**
>
> 是谁说你只能向客户展示你的方案和提议一次的？在正式的流程中，你确实只有一次机会。但是其他时候，你完全可以多向客户提议几次以让客户了解你的想法，直到其接受。
>
> 但是，你也有可能遇到一些阻力。有些客户可能只会让每个竞争者展示一次，为了保证"公平竞争"。你可以这样说：
>
> 我很欣赏你们保证公平竞争的做法。但是在我们行业，合作共赢来给客户量身定做方案是很常见的做法。如果以前没人要求你这样做过，那是因为他们是如此行事的。我们绝对不会让你们做任何有违公平的事，因为这也不是我们的行事方式。在我们提供最后方案之前能邀请你们参加一次回顾会议吗？我们很想让事情顺利进行，之后这可能是你最欣赏我们的地方。
>
> 我知道讲这么多话可能有点啰唆，但是客户可能会因此多给你一次机会。

降低被拒绝的概率

我曾经听过亿万富翁企业家罗斯·佩罗的一则逸事,他创建了最大的独立计算机服务公司EDS。当佩罗和潜在客户快要做成生意的时候,他喜欢召集所有持股人参加一次会议,分发给他们他的提议书,上面用红笔和荧光笔画出重点。他会告诉参与者他已经尽己所能为客户量身制订计划,但是他还是担心会有什么不合适的地方。他不能确定自己没有遗漏任何东西,或者他们有没有忽视一些重要的细节。他会让所有持股人浏览方案,指出任何他们认为需要改动的地方,以此来做出完美方案。会议过后,他会根据提议来修改方案,然后改日再展示修改后的方案。

为什么佩罗要如此大费周章?因为他不想被客户拒绝。他怎么确保潜在客户一定会同意呢?他会亲自见面然后问客户还有没有什么问题。如果有,他就去解决。

我不知道这则逸事的真实性,但是这却是我用来赢得生意用过的最有用的一个技巧——它可以结合控制过程、通过保证客户获得他们想要的来服务他们、合作共赢和构建共识。难怪这个技巧如此奏效!

如果你的方法不对,就没办法为任何人创造价值。你只会浪费大家的时间,包括你自己。所以要经常测试你的方案,看一看在你最后问客户意见的时候是否能得到肯定答复。为了得到回顾的承诺,你可以对客户说:"我想确保万无一失,所以请让我给你们团队每个人打电话询问他们的意见。当我们能够让他们一起来看一下我们的想法并做出反馈,那么我们就可以做出改变了,可以吗?"

自然，让大家都聚在一起很难，特别是客户人数众多之时。不同的持股人可能会分布全国，甚至是全世界。或者你的潜在客户习惯召集持股人，让所有要提建议的公司在一两天内轮流来会议室提方案。那么你再召集另一场会议基本上就不可能了。如果你没法让大家聚在一起，你可以问客户是否能分别召开提议会议。

你可以和客户说："我知道让你把所有人一次性聚集在一起比较难。但是我不想让任何人被排除在外，或者剥夺他们参与其中的权利。我会单独给所有人打电话，问询他们的反馈，帮助我们做调整，然后我会把改动告诉你。你看，这样做可以吗？"

要注意是你告诉客户你会做好一切工作，随后再通知他们的。用这种方法，即使他们不参与打电话，也会继续合作，之后决策中也会积极参与。如果有人告诉你，"我想参与打电话，"敞开怀抱，说："棒极了！让我们选个合适的时间让大家一起参加视频会议，问询他们的反馈和想法。怎么样？"

让客户无法拒绝

在我以前的预提案会议当中，有许多持股人会问我一些挑战性问题：我的公司是如何处理一些情况的——大多是过去他们没有处理好的状况。我发现，如果销售团队遇到此情此景，最好找个记录员把问题和疑问者都记下来。方便你之后正式跟他们回答这些问题。

会议过后，许多持股人更深入地理解了他们的挑战，也帮助我们完善了解决方案。我派出本团队的两名同事去会见客户团队的更多成员，来继续为他们答疑解惑。当所有会面结束，我们都回到本公司会议室分享想法。我们团队跟每个持股人都单独进行提问，确保最后出来的方案让他们都满意。很明显我们十分重视方案是为他们量身定做的，这样他们接受的可能性就会更大，事实上他们确实也接受了。自从那笔生意做成功，我们已经获得了两千万美元的收益，而那个公司现在还是我们的客户。

你的目标应该是让客户对你的方案和提议无法拒绝。如果你需要打两三次电话和客户沟通才能完善好方案，那就不要偷懒。多开几次会赢得生意总比只开一次会丢了生意要好。

每次会议过后，你都可以说："非常感谢您给我们展示方案的机会。我们已经一起做了许多次改动，我觉得现在方案已经接近完美了。但是如果您仍不满意，我们还可以一起做出改进。"

获得回顾的承诺

你的潜在客户或许会用一大堆理由拒绝给出回顾的承诺，而且你或许永远都不知道真相是什么。但是可能他们常常会对你说："你能邮件发给我你的提议和报价吗？"

许多客户都会试图让你用邮件发给他们提议和报价，而不是同意和你开会。但是这样做会让你完全放弃对过程的控制，也很难和客户合作、得到反馈和改善提案。如果出了差错，你也不知道哪里有问题或者需要做什么。现在不是要你马上提供最后方案，只是向客户寻求机会，让一切进展顺利。

你可以这样回答："我当然会给您提供我的提案和投资细节，但是首先我想保证我的解决方案是切合您公司的实际的。我想向您的公司展示我们的方案，然后得到你们的反馈，这样我才能在提交最后提案之前做出改进，好吗？"

如果你的客户距离太遥远，没办法亲自会面，只能让你发邮件，你还是要控制过程，获得回顾的承诺。

你可以说："我肯定会给您发邮件提交方案。但是我也需要您对于一些内容的反馈，你或许会想做出一些变动，即使我认为我们的想法很相近。让我们安排一个二十分钟的电话会议来回顾这些提案吧，我会在电话会议之前把提案发给您。"然后在电话会议开始前五分钟给客户发送提案。

永远也不要放弃控制过程。你知道放弃控制的后果是什么：你的理想客户会失去热情，不回你的电话和邮件。一旦你给了他们做决定需要的一切，他们就觉得不需要你了。真相就是如此。

回顾很重要

和持股人一起合作来保证你的方案正中要害是你唯一能确保他们继续合作的方法。然而，你要知道，许多公司会指望你提供方案，然后他们自己做决定把你踢开。这就是为什么你需要获得回顾提案的承诺，这对你、你的公司、潜在客户和持股人都有好处，还可以让你能控制过程。

付诸行动

阅读以下剧本,回答后面的问题。

回顾一

推销员:让我来介绍一下我们的解决方案。现阶段您有生产问题,导致您为了产品而花费了超过预算的费用,周期过长也导致您的订单量减少,客户被竞争对手挖走。

推销员:未来我们致力于帮助您让生产量加倍,满足客户要求。

推销员:为了达到以上目标,我们需要投入资金77.5万美元来更换您现在的机器;我们还打算更换您的一项核心流程。这是大致方案。

推销员:这是一个大事年表,写着我们达到理想目标需要跨越的里程碑。您还有什么需要添加的吗?

运营团队持股人:我们从来没有用你描述的程序工作过。我不相信它能达到我们现在的工作程序的效果。

推销员:您当然有理由怀疑它。但你现在运用的方法永远也不会奏效。如果我是你,我也不会同意立马采用这个方案,除非它能证明确实适合我。我还会想让此方案做些调整来适应我团队的需求。您觉得怎样改动合适,这样我们保证您是非常满意并愿意继续合作的?

运营团队持股人:我想让方案付诸操作再来考察。我需要我们团队的一些重要人物参与其中。

推销员：如果让您拜访我的一个客户，有机会观看解决方案在他们的生产环境下是怎么运行的，并和他们团队的人交流，这样对您有帮助吗？或者您觉得还有什么更好的办法？

运营团队持股人：这方法不错。将这样的方案付诸实践时你有遇到过什么挑战吗？

推销员：改变过程总是很艰难。敲定方案需要数周，对于从未接触过此过程的人来说将会是场考验。实际过程比我们想的要缓慢，但这是我们知道的唯一奏效的方法。

运营团队持股人：不可能比我们现在的状况更糟了。

推销员：大约持续两周，情况会很糟糕。踏上正轨之后，一切都会好转。

潜在客户：我对你的大事年表有点担心。你列出的里程碑要求我们在旺季作出转变。我们不能承担错过最后期限的后果。这样只会让情况变坏，根本行不通。

推销员：你的意思是我们需要在这段时间之前或者之后跨越里程碑吗？

运营团队持股人：如果我们在旺季之前将方案实施，会有助于我们的生意。

潜在客户：可以这样吗？

推销员：让我和团队商议一下，然后重新安排大事年表来满足你的要求。如果我们在旺季之前行动，我担心转变能否顺利实施。

这样或许需要你们投入更多来让我们的团队在头几个星期到现场指导，保证你们能够上手操作。但是可能会遇到一些未知的挑战。这样可行吗？

潜在客户：我觉得可以。你能告诉我们在旺季之前和之后你们会做什么工作吗？

回顾二

推销员：您已经看过了方案在实际中的操作情况，我们也定下了新的日期。这是新方案，我们要在旺季之前实施吗？

潜在客户：我同意，这样做可以。我们准备一起商讨一下，之后会再找你。

推销员：棒极了。你们看这个方案的时候，可能会有一些问题和担心，我想参与其中，为你们答疑解惑。我们能在下周三安排一次会议吗？我会现场解决你们的焦虑，回答你们提出的任何问题。

潜在客户：当然可以，这样不错。周三什么时间？

问题：

1. 你通常什么阶段会对潜在客户失去控制？

2. 你曾经丢过什么原本可以到手的生意，如果你收集反馈，改进方案的话？

3. 为了在现有流程中安排一次回顾会议，你需要做什么？

现在我能让你专心学习打消客户疑虑的承诺吗？

Chapter 11
化解疑虑的承诺

我的一个开软件公司的朋友让我在他给客户打销售电话的时候参与其中。他自己不是销售员，不知道该如何处理这种事。于是我同意当他跟客户介绍自己的软件的时候，在电话过程中指导他。

当我和朋友准备给合作伙伴打电话时，我预先告知他我将使用的开场白。"我会说类似这样的话：非常感谢您同意与我们开会。今天，我们将会按照你们的要求给你们介绍软件，也会示范整体的解决方案。在会议末尾，我们会安排一次后续会议来为您答疑解惑，保证你对此次合作充满信心。"

我的朋友吓到了，"这样说也太像销售员了，"他说，"太过咄咄逼人了。我不想像你这样说话。"对于一个非销售人员，即使是最温和的言辞听起来也很盛气凌人，特别是当你对过程提出建议和跟客户要承诺的时候。

我让他告诉我他准备怎么开场，他承认自己没有任何销售的经验。然后我让他信任我，我保证他的客户不会觉得被侵犯。他犹豫了一下，还是同意了。

当我们见到持股人团队，我用跟朋友说的话进行了开场白。当我说完了开场白时，主要联系人说："听起来棒极了。"然后我就让朋友继续接手会议。当会议结束，我跟持股人团队说："要着手的工作不少，我想你们团队肯定想再次聚集到一起进行讨论。我们愿意继续参与，为你们答疑解惑、打消疑虑。要不我们下周同一时间再次见面？"主要联系人回答："好，你们的帮助很重要。"然后他转身问自己的团队："大家都同意吗？"

第二周，我们一起参与了会议，持股人团队提出了一系列问题和担心。朋友解决了这些疑虑，一周后，他们达成了合作。

我的工作就是在客户那里获得化解疑虑的承诺，这给了我的朋友机会来回答持股人团队的问题，让大家相信此次合作会很成功。这对于这笔生意的成功至关重要。

你认为万事大吉了？其实并没有

专业销售人士常犯的一个巨大但常见的错误是：展示方案给客户看了之后便不再去继续获得下一个承诺。潜在客户会说一些诸如此类的话："听起来很棒。我们会认真看看，然后几周之后给你答复。"销售员喜上眉梢，和每个人握手挥别，他没有意识到这也许就是他跌倒的地方。

这是因为买卖的过程不是在你展示完方案之后就结束了。你的潜在客户需要你帮助他们解决风险，打消疑虑，抚慰恐惧。这就是为什么在你展示完方案后许多客户没有立即出手购买的原因。他们并不需要多点时间来斟酌你的提议，时间从来就不能让人做出更好的决定，他们需要你提供更多信息和更好的建议。

我发现客户的恐惧焦虑是和投资的额度和风险成正比的。投资的风险越大，客户就会越加担心。此乃人之常情。当你做出重大买卖决定的时候，诸如买辆车或者买栋房子，你难道不会很担心，需要更多安慰吗？在你下决心做出重大投资决定的时候，难道不想确定这决定是否正确，确定你有没有遗漏了什么，确定你将来不会非常惊骇、尴尬或者沮丧吗？你当然会。你的客户也是如此。

你或许会问："那为什么他们不在听了我的陈述方案之后表达自己的恐惧焦虑呢？"这可能有以下几个原因：他们不想让你或者自己尴尬；他们不想让你试图"向他们推销"，即使他们自己有所担心还强迫他们行动（这也是"销售"一词变得有消极含义的原因）；或者他们只是单纯不喜欢谈论这些话题。如果你在会议结束后没有获得化解疑虑的承诺，客户的恐惧、疑惑、担心仍然无法解决，他们或许不会推行你的方案。

恐惧和担心，是真实存在还是胡思乱想？

人类心智的一个重要作用就是评估风险，以保命为目标然后让身体采取行动。辨识这些风险有极大好处，即使它们压根就不存在。所以当让潜在客户自己做决定，他们可能会问自己一系列问题，担心哪里会出错，对自己有没有伤害。以下是几个常见的问题，还有背后的恐惧：

是不是花了太多钱？

你的潜在客户知道如果他做了这个决定，自己会花更多的钱，但是他不确定自己能否获得想要的结果。他害怕会白白浪费公司的钱。特别是当他过去做过糟糕的生意时，也就是供应商并没有做到承诺的结果。

我被占便宜了吗？

没人想当冤大头。你的潜在客户不知道为了达到同样的结果，你跟其他客户要了多少钱。如果他接受了你的提议，他会被耍吗？他需要为公司做出正确决定，特别是在投资时。

真的能奏效吗？

你的潜在客户每次同意一笔生意，都是因为推销员让他相信他们的产品、服务或者方案将会奏效。但是事实并非总是如此。即使当客户自己对于失败有部分责任，他也会害怕大部分，或者所有的推销员和公司都会让他失望。

做了这个决定会让我处于尴尬境地吗？

如果你的潜在客户和你做了生意，但是却没有得到理想结果，他在自己的上司、同级和下属面前都会有失颜面。特别是当公司内部还做了重大调整，没有达到承诺结果可能会导致客户丢了饭碗。

如果出了岔子，被决定影响的人会揭竿而起吗？

你的潜在客户可能会担心那些需要作出重大改变的人出问题，怨声载道。

出了差错推销员会帮我吗？

你的潜在客户可能会想，如果"事情偏离正轨了"，你会帮助他吗？以前的销售员虽然信誓旦旦会给予帮助，但是真遇到了问题可能早就溜之大吉了。他不想一手烂账却无人相助。

我能推迟几个月再做决定，看看情况再说吗？

做出承诺代表现在就要改变。如果你的潜在客户相信他需要改变，但是害怕所有繁杂琐事，推迟做决定可以让他不用答应这笔生意，但是也不拒绝。他不用必须付出任何代价，至少目前是这样。

保持现状比自找麻烦不是更为舒服吗？

改变可能是复杂的，政治性的，混乱的。发动变革需要时间精力，而这两者都很宝贵。你的潜在客户可能会想，"这一切真的值得吗？"

客户的这些恐惧担心是否有事实根据并不重要，重要的是这些都可以真实感受到。你必须劝服客户他们的投资都会得到回报，你将会创造相应价值来匹配你要的价格。你必须确保你卖的东西会达到效果，你也会随叫随到保证效果。客户不仅不会难堪，还会因为创造了开创性的有效变革而成为胜利者。你还必须向他们保证他们现在确实需要改变。

证明你会成为优秀的合作伙伴

获得化解疑虑的承诺的（然后解决这些疑虑）一个不太明显但是却很重要的好处是：你的潜在客户能够亲眼见证你将会成为怎样的伙伴。他会看到你能在他难以下决定时帮助他，答疑解惑，提供建议，解决问题。当其他销售员展示完方案后就消失无踪的时候，你仍然与他同在，参与其中，随叫随到。这会帮你为你自己、你的公司和方案赢得客户的好感。

你或许认为你已经可以证明你的可靠，所以在接下来的销售过程中理想客户都不会再有任何恐惧和疑虑。对此我表示怀疑。你可能太早提出那些证据，或者你提出的方式没有对症下药。

为时过早

你做的最糟糕的一件事就是太早证明自己。事实上，一些推销员第一次打推销电话的开场白还是介绍自己的公司、业务、与其他竞争者的不同之处。他们想要证明为什么客户得选择他们而不是竞争对手。他们想要证明自己值得交谈，尽管理想客户判断此次见面是否有价值的唯一标准是销售员能够交换什么价值。你的公司历史对客户并没有价值。

太早证明你是值得做生意的伙伴的问题在于，认为你的潜在客户试图决定是否从你那里买东西。他们还没开始想你是不是合适的合作伙伴，因为他们还没有做出改变的承诺，如你所知，这个承诺很重要。

在销售过程的早期阶段，你是怎样的人以及如何帮助理想客户比介绍你的公司和你赢得的生意更能证明你的价值。

在展示方案的阶段证明你的价值仍然有些早。如果你的开场白是公司大楼的照片和公司的组织机构，你在试图证明你的理想客户应该选择你的公司，甚至在你还没有介绍对他们而言是重要的东西：他们面临的挑战和你帮助他们的方法。

如果你在给客户展示方案的时候只会给他们看你服务过的所有公司名号，你只是告诉他们应该选择你的原因是别的公司选择过你。你有更好的选择，比如用一些你以往的客户当作案例来展示你是如何帮助他们面临挑战的，还有你们在一起合作学到的东西。

你的潜在客户不在乎你的公司成立多久、是谁掌权、和谁合作过的原因是他们不需要你证明这些东西。听着，我不是说你在幻灯片展示的时候不需要这些。我只是说如果你觉得这样能够解决客户的恐惧和疑问，那你就错了。如果你还能站在客户面前展示方案，那说明他们早就相信你有自己的立场了。但是他们担心的东西却另有其他。

证明什么？

如何提供证明呢？要把你证明的东西和客户的担心联系在一起。你提供的证明需要回答客户问你的问题。"敲边鼓"对你而言并没有帮助。

你的理想客户可能踌躇不前，因为他们现在仍然不能确定该不该改变。介绍你合作的公司和重要客户的推荐信并不能解决他们的担心，对吗？你需要开次会议来解决他们的焦虑，会议中你需要和理想客户预览一下如何改变，并分析固守现状将会冒什么风险。

在重大复杂有风险的交易中，钱总是一个重要问题。客户可能会想，花的钱太多了吗？现在花这笔钱合适吗，或者这笔钱该投资在别的地方吗？即使你没有竞争对手，你也需要跟不同的计划竞争，很多方面都需要资金投入。你需要让客户相信把资金投入这个计划是合适的决定。

如果你的潜在客户担心你的执行力，你必须证明你会说到做到，让他们百分百信任。

向客户要打消疑虑的承诺

如果你在会议结束后没有获得客户的签名合同，假定你的生意将会有风险，务必向潜在客户要化解疑虑的承诺。到目前为止你已经知道了如果客户有担心，你就要解决它。

你可以说："当你和团队讨论此方案时，肯定会遇到问题和疑虑。我保证我会在你身边为你们答疑解惑。下周同一时间再开一次会议可以吗？"

举办跟进会议对你们是双赢格局。如果此团队有问题或者担心，你可以解决它们，然后要求客户继续前进。如果没有真的问题或者担心，你在会议里也可以讨论后续步骤，这会使你收获颇丰。

但是假如你的潜在客户回答："如果我们有任何需要，会议之后会再找你。"

你知道买卖到此还没结束。你也知道潜在客户的团队还会有担心和问题。

所以你可以说:"我能跟你分享一个想法,提供一点建议吗?"

说完此话便打住,然后等潜在客户同意你再继续。

"当我们的客户和团队开会的时候提出的很多问题和担心都是技术上的,或者跟我们将如何应对他们的需要和挑战相关。如果我们能随时在现场回答问题,他们会更加觉得我们言而有信。我知道你和团队需要时间,但是我能要求参与会议,然后在结束的时候回答你们的问题和担心吗?"

如果一切进展顺利,你的潜在客户将会统一作出化解疑虑的承诺,而你也向最终的成交迈出了一大步。如果进展不顺,你要坚持要求客户举办跟进会议。这点说再多次也不过分。

如果你不在现场为客户解决疑虑会怎样?

如果你不在现场为客户解决疑虑和担忧,那么自然有别人会做。你的客户可能首先会在自己公司内部找人帮忙,那个人可能会给客户好建议,也可能会加深客户的担忧。或者客户可能会找个"门外汉"来帮忙,那人也许对紧急情况和改变对客户的重要性一无所知,他也许只会产生新的焦虑。不管是谁替代了你的角色都有可能破坏甚至毁掉你和客户一起合作得到的成果。

你还可能会把机会拱手让给竞争对手。我曾经丢了一笔200万美元的生意,还是在我已经获得潜在客户的口头承诺之后。当时在我不知情的情况下,一个竞争对手在我们生意的最后阶段联系到了客户,给他看了一些我没有的东西。当潜在客户告诉我他把生意机会给了竞争对手的时候,我万分震惊,要求和他开会详谈。

开会时,客户向我解释了竞争对手最吸引他的部分。我给他看了长达五页的开会记录,证明对手的方案中要解决的挑战以前在我们的会议中并没有出现过。然而他说:"我知道,但是我一看到这个方案就喜欢上了。"

半年之后,我又从对方手里赢回了客户,因为对手没有达到他承诺的结果。结果是客户花了半年时间和一百万美元,但是却没得到自己想要的东西,然而我的公司花了半年时间,但是却没有拿到这原本该属于我们的一百万美元,如果我当初料想到最后阶段仍有对手来抢生意,这种情况就不会发生。

所以,要想方设法开会解决客户的问题和担心。你的客户可能会这样跟你说:"我们还要先看两个提案才能决定,稍后告诉你消息。"在这种情况下,你可以说:"非常感谢。我很确信对你而言我们是合适的伙伴,而且我相信没有人能够跟我们达到一样的效果。在你看其他提案的时候可能会看到不同的想法,也许对你有用也许没用。如果你有任何问题和任何想知道的情况,我们在进行下一步之前能安排一次会议来回答吗?"

获得化解疑虑的承诺和其他九项承诺同等重要,而且这个承诺可能会给竞争对手造成更多的损失,对现状的改变也更大。

更进一步

通过让客户得到满意答案，确信他们现在需要改变来解决潜在客户的担心，解释你的方案如何以最有效率最熟练的方式来达到客户想要的结果是销售过程中主要的一部分。不要给客户看了方案之后就袖手旁观。再和客户约一次会议，让他知道你的方案是唯一的出路！

付诸行动

阅读以下剧本，回答后面的问题。

潜在客户：我们遇到了一些问题。首先，我们知道在这部分需要投资更多，但是我们想知道如果我们买这些仪器除了你跟我们说的长期方案，还有其他选择吗？

销售员：有其他选择。你能告诉我为什么这点重要吗？

潜在客户：今年我们没有这么多的资金预算。

销售员：您需要怎样才能行得通？

潜在客户：我们需要调15万美元到明年。

销售员：可以。让我看一下能为您做些什么。

运营团队持股人：我们担心培训的事。让某人快速掌握你们的进程需要多长时间？如果我们时间上落后了一点，就有可能被赶超了。

销售员：需要几周时间。我不确定怎样才能解决你的担心，但是我可以跟你分享一些想法。我们可以派出本团队的一些人来帮忙。或者我们可以先邀请你们团队一些重要人员来参与培训。怎样能让你放心？

运营团队持股人：没关系，工作就是让我担心的。

推销员：我理解。你想怎么做？

运营团队持股人：你上面两种想法都可以实施。前几周我们能先让你们团队的人来帮忙，同时让我们公司的重要人物参加培训，培训完毕再交接吗？

推销员：可以。我们会在方案中加入这个改动。还有其他问题吗？

潜在客户：没有了。除了以上两点，已经很完美了。

销售员：我能做好改动之后再带来提案、合同和如何继续下一步的记录计划吗？

问题：

1. 在你以往的大多数生意中，你陈述完解决方案之后是谁控制过程的？

2. 回想一下你以前丢掉的生意，客户哪些担心没有解决，但是如果你获得了打消疑虑的承诺后很容易解决的？

3. 你可以提供什么证据来解决客户的这些担心？你什么时候——怎样——准备解决这些担心？

如果没有其他要讲的，我想邀请你和我继续阅读下一章。

Chapter 12
决定的承诺

决定的承诺只是你和潜在客户达成的协议，保证双方会一起努力达到特定的成果。它会改变你们的关系，让你的潜在客户变成真正的客户，把你变成合作伙伴。

达成此协议有一个合适的时间——也就是"生意成交"——据说这是销售中最重要也最具有挑战性的部分。每个称职的销售员都有一本金克拉的《生意成交的秘诀》和汤姆·霍普金斯的《如何掌握销售的艺术》，这两本书都同意上述观点。但是如今我们生活的时代不同了，也需要采用不同的方法。

决定的承诺（曾经被认为是唯一的"成交"）可能会成为你比较容易获得的一个承诺，假如你已经获得了之前所有的承诺。但是如果你跳过了其中任何一个承诺，获得此承诺就会很有挑战性，因为当有很多工作还没完成的时候，你的理想客户很难答应和你做生意。所以基于你之前打下的基础，决定的承诺要么会是你最容易获得的，要么是最难获得的。

最容易也最难获得的承诺

如果你没有尽一切努力来争取客户把生意交给你的权利，会使成交变得很艰难，而这本来都可避免。

- 或许你觉得让你的潜在客户做出改变的承诺有点难为情。或许你相信自己已经签了一两份相关合同，所以改变的承诺也就等于已经做了。很多所谓的机会最后都没有成交，就是因为推销员没有获得改变的承诺。

- 或许你并不是真的想和客户合作来制定方案，你只想告诉客户你最好的主意，强烈认为你清楚地知道怎样帮助客户得到想要的结果。或许你只是不想客户付出。潜在客户每天都会拒绝一些服务，因为这些服务不符合他们的需求。

- 或许你十分恐惧构建共识，因为你曾经也邀请其他持股人参与过会议，结果只是被他们的暗斗和不满弄砸了你的生意。很多生意都是因为缺乏共识而最终失败。

- 签合同之前就讨论投资？别想了！为什么要没事找事？你也许会这么说。但是如果你不想被出价低或者有折扣的竞争者抢走了生意，就赶紧谈投资。

要注意：如果你没有获得走到此步所需要的所有承诺，那就是在增加被拒绝的可能性。你还没有做好必要工作来轻松获得客户点头。

你可能已经开过几次探索会议，提供了提案，但是连续好几周或者好几个月都没有收到任何回应，因为你的理想客户还没有承诺做出改变。你的行程表上或许有许多"机会"都落入此种模式，现在你知道为什么了。你或许有完美方案，但是如果你的潜在客户认为有比你更好的方案——把他们需要的东西都考虑进去了——当你向客户要求做生意的时候他们就会拒绝你。

或许你不想坚持把客户团队剩下的人邀请进会议只是不想违背合同条例，但是当你把方案放在那些你所忽视的持股人面前时，而这也是他们第一次看到此方案，你可以预料到他们会强烈反对。即使你卖的东西对他们有利他们也会如此。如果你忽视了这些持股人，就是在证明你不在乎他们。

不管你何时公布要价，你的方案该花多少就花多少。不会因为你藏得越久，向客户要的钱就越少，你只会让客户更加震惊。我知道你的想法："我想先让客户觉得我的方案很有价值，然后他们才能相信投资是值得的。"这种方法的问题在于，如果你的要价比竞争对手高很多，客户对比的就不是你创造的价值，而是竞争对手提供的可选方案。通过告诉客户他的投资物超所值会更容易让他接受你的报价。你还会发现当你在过程中已经创造了价值，你也不用总是给你的方案打折扣。

当你获得所有必要的承诺，在要决定的承诺之前，你再让客户做承诺与你做买卖会更容易。通过要求——然后获得——销售过程中你需要的更难的承诺，你会让最后的承诺成为最容易获得的一个。如果不去要别的承诺，获得最后的承诺就会很难。

如何要求决定的承诺

我不需要告诉你获得此承诺有多重要，或者赢得新客户感觉有多棒。此事非同小可。话虽如此，但也没必要认为获得这个承诺需要特殊技术或才能，你只需要像往常一样对待客户即可。

自然地交谈

背诵特殊的成交技巧或者运用战术方法都会让客户听起来不舒服，削减他的信任。所以，你只需用最自然的语言，尽可能直接地请他和你做生意。

你可以说："我相信到了今天，我们已经做了所有需要的工作，除非你觉得我们还需要做些其他工作，我想请你把这笔生意给我。现在可以开始吗？"

这个方法没有任何技巧或者手段可言。你也可以这样说："我们现在可以帮您实施方案吗？"或者你也可以说："我认为我们已经解决了您的所有担心，现在已经制订了很好的计划。只要您点头同意，签下合约，我们就可以开始实行。可以吗？"

不要说的话

不管你做什么，在跟客户要求合作时都不要用一些忸怩作态、复杂难懂或者刁滑奸诈的手段。以下几个例子是不该说的话：

如果我能用这个价格卖给你此方案，还有什么会让你不想和我做生意吗？

现在还没到成交的时候，甚至还没开始要承诺。当销售员害怕向客户要承诺就会说以上的话。他一边在解决客户的担心，一边暗示另一种价格也可以接受，这会让客户想要讨价还价，而且担心投资会过高。

你想和我们这样的公司合作吗？你想和我这样的销售员合作吗？如果钱不是问题，你现在就会和我做生意吗？

对客户进行此种约束会显得销售员以自我为中心、操纵欲强。曾经有个差劲的销售员问了我这些问题，我对第一个问题回答了"是"，对第二个问题回答了"否"，还说明钱不是问题。很明显，他没料到我会这么说。但是他用了这种不合适的成交语，所以我也带着绝对的偏见拒绝了他。

我们什么时候开始？

这是另一种避免直接要求和客户做生意的方式。销售员期待客户会回答，"马上"。但是很可能客户会回答，"让我想想"。

如果你今天就买，我可以给我们的方案打折，而且免费给你额外服务。这听起来还行吗？

在电视购物广告里这么说或许会奏效，但是对于专业的销售员来说，这样说就太掉价了。（我打上面几个字的时候都觉得难堪）如果潜在客户同意购买，那是因为你的工作做得好，而不是因为你提供折扣或者赠送免费赠品。

如果你获得了所有必要的承诺，你可以确定客户会同意跟你做生意了，这都是你自己赢来的！到了这时候，你向客户要求做生意的信心和你对所做工作的信心是成正比的。

如果客户不同意怎么办？

当然，很多时候理想客户可能会拒绝继续用你的方案。这种情况也会发生。那是因为和拳击相比，销售更像是综合格斗。在拳击界，世界冠军可能数十年都是常胜将军。但是在综合格斗里，一个世界冠军可能会赢了五场比赛，而同时也会输掉五场。失败是意料之中的，即使你讨厌失败。

如果你的潜在客户拒绝了你，很可能是有原因的。这不是问题，如果他在进行下一步之前还有什么需要做的，帮助他获得这些，尽你所能。

如果他没有告诉你原因，你可以这样说："如果你还没准备好进行下一步，这意味着还有什么需要的工作没有做，或者你最后遇到了什么变动。你能告诉我你的想法吗？"

不要采取自卫的态度，或者表现出吃惊，或者告诉客户你对于没有达到目的很沮丧。有事物偏离了轨道，你得找出来，然后全力以赴让一切步入正轨。

常见问题

如果到现在你已经获得了所有需要的承诺，你已经不太可能被拒绝了。你的潜在客户已经同意了做出改变，所以他们不可能突然说不想干了。你们已经共同合作，达成了共识，所以对于做出此改变和改变的内容不用有任何担心。你早点讨论投资的事，就没有人能够让客户对你的要价感到诧异。由于你解决了客户所有的担心，他们也不太可能突然让你接受什么新事物。

但是仍然有些障碍可能会阻止生意顺利进行。以下是两个最常见的：

我们不确定是否要继续

有时候，人们到了冲刺阶段会畏首畏尾。你的潜在客户可能担心会出差错，不想做决定。你可以说："让我们进展到现阶段的问题仍然存在，它们之间还是相关联的。我担心如果停止行动，事情会变得更糟。让我们一起解决问题的最好办法是什么？"

或者你可以说："你能告诉我什么变了吗？"如果有东西改变了，你只有知道它是什么才能帮助潜在客户。只有到了那时你才可以说："你认为怎样处理才能让我们继续合作？"

如果你忽视潜在客户的担心，它们不会自动消失。它们只会变得更大更有威胁性。为了继续前行，你需要让潜在客户把担心说出来，这样你才能解决它们。

我们对于你的方案很满意，但是需要你让点价

你可以说："我理解你有责任让公司的资金发挥出最大价值，我们也是如此。如果从此方案中削减资金，我们会面临风险，而我们讨论的成果也未必都能实现。此方案需要的就是这么多投资，但是如果我们忽略了了什么，我很乐意重新制定方案，投资额也会相应调整。继续用此方案可以吗，还是我们需要做点其他工作？"

不要说，"我们做生意总要赚钱"或者"让我回去和销售经理商量一下，看看有没有更好的方案"。记住，客户是在给公司做买卖，所以他们让你降价只是为了履行职责，而且他们必须保证你的价格是公道的。因为许多销售公司都会把价格抬高，然后给一定折扣，你的潜在客户已经习惯砍价了。

不止一个承诺

假如说你已经和潜在客户约好时间，他也答应了和你做生意——现在他已经成了你的客户和伙伴。祝贺！要知道决定的承诺是需要很多小的承诺铺垫的，这些小承诺你还需要去获得。以下是一些典型：

交换并浏览合同

在某些时候，你会给新客户看你的合同，或者他也会给你看他的。尽可能让客户承诺和你一起看合同，然后讨论变动。如果你没有安排约会，你可能要花费数周或者数月来等客户签字。

你可以说："我们可以下周三之前一起看一下这些文件。我们能够在下周二下午安排一次半小时的会议来一起看一下是否有任何需要讨论的地方吗？"

控制了过程你才能掌握结果。

尽快让合同合法化

政法部门总是忙于复杂法律事项的诉讼，而会推迟通过你的合同。你要试图控制此过程，你可以这样说："我们在提供合同之前，能先给您的法律部门简短打个电话吗？"依照我的经验，如果他们没有看到我们花费的时间，他们或许会不把我们当回事。如果我们能够给他们打电话，可以让他们知道我们的时间计划。

实施会议

召集你的团队参加实施会议能够让你把工作从你这里传递到整个团队，把你的合同传达到他们团队，保证转交顺利。

你可以说："我们保证顺利开始的一个方法就是召集一系列启动大会，让我们能够实施计划，加速得到成果。我想开始安排这些计划，这样我们才能开始工作。我们能够下周开始第一次会议吗？"

承诺开始的日期

大多数销售员在向潜在客户要决定的承诺之前都没有想过问潜在客户想什么时候开始实施方案。但是我认为应该早点问客户这个问题，大约在确定获得改变的承诺时就可以问了。我相信，对于起始日的承诺，在过程中越早请求越好，只要你已符合资格。但是不管你决定何时要承诺，你或许可以这样开口："您希望我们什么时候开始实施方案？"

一旦获得决定的承诺，你就击出了全垒打，但是不要忘记还要获得一些额外的承诺。它们能保证你们的伙伴关系平稳开始，你也

> ## 付诸行动
>
> 阅读以下剧本,回答后面的问题。
>
> 销售员:这是最终的解决方案和投资额。我认为我们现在势头很足,适合继续下一步,除非你还需要其他东西。如果你没有其他的需要我们能继续开始下一步吗?
>
> 潜在客户:我们需要的都有了。我们要做些什么展开行动呢?
>
> 就是这样。不需要运用什么成交的技巧花招,也不用一大堆乞求生意的办法,它们可能会让理想客户失去对你的信任。不用害怕让客户和你做生意很难,因为你已经做了一系列必要的工作,得到了整个销售过程中需要的承诺,那么客户便会很容易和你做生意。
>
> 问题:
>
> 1. 你通常跳过了什么承诺,然后使最后的承诺很难获得?
>
> 2. 跳过获取这些承诺怎样使你的客户之后不愿意答应和你做生意?
>
> 3. 或许之前从来没有人让你做这些工作,但是它们却很重要。写下获取决定的承诺要说的话。你通常会说什么?

可以准时开始执行方案。

要收获你到目前为止辛苦耕耘的成果,你必须开始把本书中的技巧运用到实际生活中去。明天你会开始尝试一些本书中的方法吗?

Chapter 13
执行的承诺

你卖给了理想客户一种产品、服务或者方案，承诺会产出某些成果，这意味着你需要保证这些成果实现。这就是执行，而且它很重要。如果你想有长期的合作，和客户再做生意，让客户对你产生不可动摇的偏爱，甚至不会跟其他竞争者说话（是的，这种情况有可能），你必须保证你承诺给客户的成果能够达到。

执行的过程中可能会出现一系列顽固的绊脚石。第一，如果在获得承诺的结果的过程中出现了重大挑战时，你可能需要公司的帮助。也就是说，你或许需要获得公司的必要承诺来创造这些结果。第二，你的客户或许需要做出一些改变来得到这些结果。即使他们决定继续的时候已经做出了这个承诺，当变革启动时，问题还是会接踵而来。

让我们看一下以下两个绊脚石，以及你应该如何跨越它们。

获得公司内部的承诺

不管你喜欢与否，如果你想在销售方面取得成功，你必须在自己的公司内部销售，也必须向你梦想的客户销售。你或许会计厌职场政治，但是你需要获得能让你执行的承诺，即使当你需要从公司内部同事那里获得这些。这很像做成生意要获得的承诺，你只是在和不同的潜在客户合作罢了。

首先，你需要劝服那些可以帮助你的人给你时间。他们很可能并不是销售部的，可能只是运营部门、管理部门甚至是你的领导。那么你需要给他们一个必须改变的理由，还有对未来的展望。你需要探索改变，和你的团队一起商讨如何才能让一切发展有利于你。

你可以和你的团队说："我需要你帮助我解决一些和客户的问题。如果我们不改变现状，可能会让客户的结果、我们的关系和他们的生意都有风险。对于如何改变以及需要做的工作，我已经有了一些想法，但是我希望先听一下你的观点。我们如何做才能让一切回归正轨，你现在面临的困难是什么？"

当在公司内部工作的时候，你需要和在外面工作一样替他人着想。你很难处理自己的失败，当你销售东西但是你的团队却不支持的时候，大家都会不太高兴。但是你必须用自己的销售技巧来说服公司内部的同事，帮助他们得到自己想要的，让一切进展顺利。你

13 执行的承诺

不能指望通过攻击他们来让他们为你移山倒海。

你可以这样说:"我能跟你分享一些想法,然后问你要一点帮助吗?"

这是一个很难拒绝的请求,不要变得生气或者敏感,不要抱怨。你是在解决问题,解决生意问题最重要的一个准则就是对事不对人。

然后解释一下:"我们正在努力达到新客户满意的成果。我跟我的团队见过面了,他们需要特地为客户改变一项公司的内部流程。如果我们不能做出这个改变,我们就不能得到承诺的结果,和客户的合作也会出现问题。你能帮助我做出需要的改变,找到资金吗?"

你的管理团队为什么不愿意帮助你执行呢?让我来回答你:因为他们跟你的客户一样不想改变,因为你想让他们花钱,或者因为相信你卖了公司实现不了的东西,或者一切都是客户的错,比较简单。

你可以继续说:"我和团队合作得很愉快,已经知道了他们需要的东西。我确定他们跟我说的是事实,我对他们有义务,所以我说过会主导此事。但是如果你想让我当辅助,我也是可以的。你觉得我们应该怎么做?"

你必须想方设法使用你所有的销售技巧来让事情在公司内部进展顺利。这可能会有点难,但是车到山前必有路。

等一下——还有更重要的事!你也需要做些客户的工作。

获得客户的承诺

事情从这里开始变得有趣了。你在努力达到你向客户承诺的效果，但是他们却没有做出必要的改变，这让你没办法继续工作。或许你的客户团队没有做好必要的工作，因为他们不愿意。或者他们故步自封，因为他们不想改变。或者改变比想象的要难，所以他们还是用老方法做事。事实上，他们为什么没有做必要的事不重要。你需要帮助他们做出必要的改变。

你会发现有些客户对于商业关系比其他人要成熟很多。而他们越是成熟，你就越容易克服为了得到理想结果而遇到的挑战。我曾经遇到一个客户，我向他道歉我们公司的错误伤害了他们，但是客户只是告诉我他也有责任。我还有个客户非常善解人意，即使当我解释我要为某个错误承担所有责任，他还是想知道他的团队能帮忙做什么来阻止错误再次发生。我真希望每个客户都像他一样善解人意，为人着想。

但是我也有其他不太成熟的客户，一点都不懂得体谅别人，他们自己不愿意做出任何改变，因为他们相信任何问题都"总是供应商的过错"。你可能发现有些客户非常需要你的仪器，但是他们却不用它。有些客户同意你的方案，但是却没下什么订单。我曾经合作过的一个公司出售了一台机器，比市场上其他机器的产量都要好。这让他们能够得到更可观的成果和更丰厚的利润。但是买此仪器的一些客户却不愿要求他们的顾客负担设备提升成果的费用，所以他们就把这台仪器打入"冷宫"。

改变很难。改变通常意味着你需要进行艰难的谈话，让别人脱离过去。这些都需要时间和情感精力。

要求客户给予执行的承诺

不管你是在和理想客户还是问题客户合作，为了得到理想的结果，你都要获得执行的承诺。获得这个承诺首先要做的就是开会，最好是和某个知道挑战或者有执行力的人开会。你要和往常一样专业谨慎，不要控诉、指责和抱怨。

你或许可以这样说："我们正在努力获得理想的结果。我们已经做了一些变动，但是我担心我们的工作还会很艰难，除非你们也做出一些改变。我能分享一下现在的进程，并得到你的反馈吗？"

说话是一门艺术。你要用很温和的话语，保护人们的自尊心。如果你指责的话，你会发现别人也会变得自卫，对你反击。你或许想要为你的客户没有改变的事情承担责任，你可以说："即使我们说过你们团队本该做出一些改变，大家都认为这些改变是必要的。我认为我们也低估了困难。我们能商讨一下如何帮助你的团队，看一下我们可以怎样让他们的工作轻松一点吗？"

以上陈述中包含的内容有很多。你已经提醒了你的客户你说过这些改变。你承认低估了改变对他们的难度，这样不会让他们觉得被攻击而变得自卫。你假定他们还需要改变，然后你问了怎样做能让他们轻松一点。你对准的是事，而不是人。

你或许可以说："我知道我们让你做的改变并非易事。但是如果我们不做这些改变就不能得到想要的结果。我保证我们能够尽己所能帮助你。有什么需要我们做的？"

如果你发现获得这十项承诺中的任何一项都很困难，好戏还在后头。我的一个客户是一个制造商，他想提升员工的水平。我们招聘了和他们不同水平的员工。我们招聘的方式也不同，核查员工背景，花费大力气来帮助员工适应新工作。我们给了客户承诺的结果，直到我们的员工违反了客户的个人防护设备规则。他们没有穿钢趾鞋进车间，而是为了舒服穿了网球鞋。我们不明白为什么员工会这么做，所以我们内部做了变动。我们让每个员工在开始工作之前把仪器搬进来，让我们的团队在场监督。这个问题还是没有改变，而且我们还发现了其他问题。

我们的员工和客户的员工一起工作。他们的员工签了长期合同，所以知道自己不会在工作期间被炒鱿鱼。当他们和我们的员工一起工作时，就教给我们员工一些小技巧。我们员工之所以违背了安全守则是因为他们对客户员工进行效仿，他们就是尽一切可能不穿钢趾鞋的。

这件事情让我们改变还不够。我们还需要让客户做出改变。让你的客户做出改变并执行会让事情变得棘手。刚开始，他们的管理团队勃然大怒，因为我们把自己员工不穿钢趾鞋的过错推到他们员工身上。这是一段新的关系，他们当时不像现在一样了解和信任我们。在一次会议中，他们的一个经理大喊道："我要求看你们的记录。我想知道你看到我们哪个员工什么时候没有穿个人保护器具！"最后他的副总裁告诉他冷静下来，大家都知道他们的员工有越界过。

当我们提供了准确的记录和证据后，他们示弱了。之后他们的管理团队聚在一起，讨论他们的一些员工确实有违规现象。我们都做了额外的改变，最后双方达成妥协，这是我们共同需要的结果。这就是你需要执行的承诺的理由。

关于说话的一点建议

我喜欢温和的言辞。要想成为"挑战者"，你不需要变得"挑衅"。尽量不要说那种会让人变得自卫或保护自己决定的话。你应该努力影响别人去做对自己最好的事，要知道如果你让别人变得自卫，你其实是在适得其反。

你说的话要能建立信任。不要说或者做那种会让别人想脱离你们关系的话。这就是为什么你应该运用自然、直接和专业的语言。我不喜欢建议、技巧或者束缚。如果你说的话让客户觉得你是在"对"他做某事，那这样对你们双方都没益处。

本书中的某些观点和语言可能刚开始你看起来会不太舒服。如果你从没向客户要过这些承诺，你得需要一些时间来让这些承诺成为你自己的方法。想一想我在提纲里面和你说的建议，还有反映本书原则的粗体字。然后把这些重点填入你自己的个性中去，修炼适合自己的语言。

促进改变的催化剂

你是促进改变的催化剂。因为你要卖出东西,你必须成为促进改革、调整和现代化的催化剂。你必须执行这种改变。你也可以通过你为客户达成的结果来评估你的成功。

付诸行动

阅读以下剧本,回答后面的问题。

推销员:我们在努力达成需要的结果,我有一些关于这些结果和应该怎么做的具体想法。能跟你分享一下吗?

客户:我同意!我们的员工不知道如何使用你们卖的产品,压根不奏效。我们都快乱成一锅粥了。

推销员:我已经做了一些工作来了解哪里出错了。我可以跟你分享我到目前为止了解的状况,并请你补充我遗漏的部分吗?

客户(慎重地):请说。

推销员:我们知道培训很重要,我们也知道需要让我们的同事现场指导一段时间。我们没法培训你们的一些重要员工。我们之前做培训的时候他们没有参加,当然还是有很多人参加了此次培训,但是他们没有在工作的时候按照需要的步骤来操作。在我看来,有两个问题存在。第一,需要让你们团队剩下的人继续参加培训。第二,我们需要一些帮助来让你的老员工同意改变流程。

客户:你应该给那些没有参加的人做培训。

推销员:我同意。我已经做了调整,组织了另一场培训。我只需要你同意安排它。

客户：我们需要尽早安排这场培训。

推销员：我会留意的。我觉得还需要让那些没有运用新流程的人做出改变。这点应该怎么办？

客户：我知道你说的。他们已经在公司工作很久了，都是很好的员工，他们已经习惯了自己的操作流程，为什么不能让他们做自己呢？

推销员：他们是在用自己的方法做事。这就是导致整个流程崩溃的原因。这样改变也是为了得到我们想要的结果。

客户：这确实是个问题。不能让他们继续保留自己的做法吗？

推销员：如果想得到更好的结果就不能这样做。我能提个建议吗？

客户：请说。

推销员：我们能以团队方式见他们，然后分析为什么这个流程必须改变，给他们一些额外的训练，提供一个认证流程来让他们成为新程序的合格工人吗？如果我们让他们参与了，解释这么做对于公司的重要性，给他们一些所有权，他们可以保持自己原有的地位，还可以影响和指导他人。

客户：我喜欢这个建议。我认为这方法有效。你需要我做什么？

推销员：我需要你找个他们最尊重的人来劝服他们同意我们的

决定。我会安排会议和培训。

要为你卖的东西负责，并得到想要的结果，你就需要做这些。问题不会随着时间的推移而改变，时间越长，问题就越棘手。你签订合同的时候生意并没有结束，而是刚开始。

问题：

1. 当你的新客户因为没有做出必要改变而得到想要结果的时候，你要怎么做？

2. 当你需要帮助客户执行并实现销售结果时，你需要他们提供什么承诺？

Chapter 14
成交指导

销售没有规则，你必须运筹帷幄。这意味着销售要求你足智多谋，寻找可选方案，做出正确决策来指引行动。在一种情况里适用的方法或许能让未来的生意成功，但是或许也不能奏效，即使当两种情况相类似的时候。

本章内容并非硬性规定。只是一些在你学习获得承诺的时候可以参考的想法，你可以因地制宜，掌握这套方法。学习这些指导方针，用它们来提升你向客户寻求——获得——所需的承诺。

弄懂所有的承诺并知道你需要什么承诺

在大多数销售书籍里面，你会发现许多介绍为了让客户买东西或者签合同而得到的"成交"承诺，好像赢得生意只需要这些承诺。在一些简单、低价、风险小的生意中，这确实是唯一需要的承诺。而在一些复杂、昂贵、高技巧、高风险的大生意中，只要是成交的承诺，不管你用多少种方式获得，都是不够的。

本书与众不同。你现在知道了当你在帮助客户购买的过程和你推销的过程中，需要获得十个不同的承诺。在一些章节中，一个章节标题下可能需要获得好几个承诺，因为它们都是必要的。

你不能跳过前面那些要求承诺的过程，直接到最后一步。如果你不在每个阶段去要——并获得那些必要的承诺，生意就停滞不前了。如果在客户还没准备好就要那些还没获得的承诺，实际上会拖慢你的销售进程，也会妨碍客户早点从你的方案中获益。你必须获得要求每个承诺的权利。

对你而言，知道要获得何种承诺，或者加快进程，这点很重要。哪个承诺最能够帮助你的客户加快进程，做出改变？

运用自然的语言

如果你成交时候说的话让你自己不舒服，那么这些话就不是合适的。如果你的成交有个名称，或许对于商对商的销售模式是不利的。

我的意思不是向客户要承诺总会让他们舒服。本书的基本观点在于我们必须帮助客户面对危险——通常比他们的恐惧更大。然而，你说的话不应该让客户觉得你是个"门外汉"，就像有一个推销员曾经跟我说："我们公司是你想要合作的那种类型吗？你想从我这样的销售员身上买东西吗？"这个销售员没有赢得我的青睐，他也不知道我对于老式的捆绑成交技巧已经免疫了。我为他感到难为情。

没有理由学习不自然、强迫性或者虚情假意的言辞。你不该说那些没人会说的话，或者在要承诺的时候说那些会让人感觉不舒服的话。

你是一个专业推销员，你应该努力变成值得咨询的人，成为你客户可信赖的建议者。你说的话要能体现你的专业性。它应该是自然得体的语言，而不应该让你的客户——或者你自己——不敢张嘴。

总是准备一份候补承诺

获得需要的承诺并不容易。有时候潜在客户会告诉你他的恐惧，拒绝给出促进购买过程和销售过程的承诺。很多时候，候补承诺尽管不能让你得到所有想要的，也能让你获得促进生意的承诺。

例如，如果向客户要一些他们很难提供的信息，候补承诺可以是采访那些可以给你足够信息的人，这样也能得到你要的结果。还有一种候补承诺可以是提出签订保密协议，这样你的客户就会愿意信任你，给你提供需要的信息了。

有效地进行销售需要你资源丰富、有创造性。候补承诺是在你的理想客户拒绝做出需要的承诺之时，让你可以促进销售进程的办法。更重要的是，候补承诺可以保护你免于因为潜在客户没有准备好做出承诺而破坏你们的关系，当还有其他可选方案时。

把承诺和迫使客户改变的动机联系在一起

当你让客户知道你为什么向他们提出这种要求，获得他们的同意可能更容易。

例如，如果你需要接触理想客户的运营团队来为你的方案建立共识，那么你需要解释获得团队其他人的承诺对于达到理想结果的作用。"通过让你的运营团队参与谈话，我们可以保证让他们了解方案，他们也可以得到自己想要的，进而在改变计划一事获得他们的支持。我希望确保你能得到需要的进步。"

通过把承诺和激发客户改变的动机结合在一起，你给了他们同意你的承诺的理由，而不是假定他们会理解这个承诺的必要性和益处。这也能帮助他们理解改变的过程，以及他们最后如何获得想要的结果。

努力帮助你的客户改变的另一个好处就是你还可以让客户觉得你没有那么自私，而自私很多时候会破坏你们之间的信任。你在致力于帮助他们，获得他们想要的结果。

要求！

除非你还没创造足够的价值来获得向客户要求承诺的权利，否则你没有道理对于请求承诺感到不自在：你需要那些承诺来服务潜在客户。你的潜在客户知道你是个推销员。他们也知道你迟早会让他们买东西。他们一点儿也不会因为你让他们采取下一步行动而感觉不舒服,你也不用这样。

如果你不向客户要求承诺,你就是在浪费理想客户的时间,你的公司的时间,还有你自己的时间。如果开会的结果是什么都没解决,没有达成任何决策,也没有同意下一步怎么做,那么就没必要浪费时间。

事实是,你的理想客户想让你找他们做生意。他们想和那些想帮助他们解决最大和最紧急的挑战的人合作。

在每次销售沟通中,你必须要求客户作出必要的承诺,来帮助他们得到想要的结果。

现在就要求帮助

像个奴隶般对你的销售过程循规蹈矩,并且觉得除非你的理想客户完成了所有销售步骤,否则你不可能帮助他们,这样做没有任何帮助。如果你的理想客户现在就有需要,你要问他们是否需要你的帮助,即使你还没完成所有的销售步骤。

如果你意识到你的潜在客户需要你的帮助,而你也做了足够的工作,现在有资格找他们做生意,那么就不要再等待。找他们做生意,或者让他们下订单。开始做那些他们需要你做的工作。否则,当你慢慢等待销售进程推进的时候,其他的推销员可能半路杀进来,要求客户下订单,让你的客户降低和你开会的需求。

在我的一些生意中，我们在每场会议中都会要求客户下一些订单。我们把这件事当作常规例行。即使我们仍然在为了解客户的生意和达成最后的方案而努力，我们也相信如果客户现在就需要帮助，我们就要立马挺身而出。

即使在商业关系中，你也不该不愿意伸出援手。你可以开始和你的理想客户合作，给予他们需要的帮助，同意继续工作推进销售进程。

不要让你的客户开口问你

我们生活在一个奇怪的时代。一些所谓的销售专家说绝不要要求你的潜在客户跟你买东西。相反，你应该被动等待直到潜在客户决定采取下一步行动。这个建议实则废话，因为你的潜在客户压根都不知道下一步该干什么。

现在让我说清楚：任何时候都不要等你的潜在客户主动要求跟你买东西。那些不愿意提供销售建议的人都是怕自己说错话。如果你不要求你的潜在客户跟你买东西，不代表你就是个更优秀的销售员。这样做不会让你看起来更专业，也不会让客户觉得你不是"只想卖东西"。如果你相信这样做确实会让你看起来不是只想卖东西，那么你需要变得更想卖东西。

等待你的潜在客户要求你采取下一步会让他们觉得你不那么值得咨询，也不是个可信任的建议者。你的客户指望你告诉他们下一步，以及他们如何从现阶段过渡到下阶段。事实上，有时候帮助你的理想客户的最好办法是让他们开始行动,迫使他们做出选择,他们自己一直在拖延是因为害怕做出必要的改变。

如果你向客户要的承诺是为了服务他们,那么要这些承诺不会让你成为一个坏的、咄咄逼人的推销员。不去要这些承诺才会让你成为一个不好的推销员,也会让你成为一个浪费时间的人。

看穿拒绝后面的担忧

很久以前,推销员被教的是克服拒绝。他们学会用简洁的语言来解释客户需要采取下一步的原因,然后继续向客户提要求。

如果你的理想客户没有同意你的要求,那么他们就有一些你还没解决的担忧。如果你没有解决他们的担忧,即使反复问再多次,你也没办法得到他们的肯定答复。

异议就是不同意某事。"异议"这个词现如今不是很常用了。更有用的想法是"排忧解难"。客户要是有异议,就表明他们有担忧。这时候你的注意力不该放在异议上面,而是放在解决担忧上面。

以下是一些你的理想客户在改变的过程中可能会有的担心,你需要这样处理它们。

- 如果你不了解别人试图卖给你的东西,你就不会买。你可能会说:"我现在还不想更进一步。"这就是异议。不了解你买的东西是你有异议的潜在原因。

- 如果你不相信别人想要卖给你的东西对你有好处,他们让你买的时候你就会拒绝。你拒绝进行下一步就是异议。还没解决的担忧是你不了解此次购买的价值。

• 如果你害怕当你买了东西，做出了改变，无法承担相应的风险，那么你不会再继续前行，除非这个风险得以消除——特别是当此次风险要个人承担、代价高昂，而且可能会让你难堪。

如果你不解决你的理想客户的担忧，那么你让他们买任何东西或者采取下一步，他们都会拒绝。你必须把这些担忧拿到台面上来，这样你才能解决它们。这就是你作为咨询推销员的职责。

要展现自信

一定要展现自信。如果你已经进行了良好的销售沟通，为潜在客户创造了足够的价值，那么你就有权利要下一个承诺。如果你已经创造了价值，向客户做出他们都需要的承诺不会让你看起来自私自利、咄咄逼人、虚情假意、操纵性强或者"只想卖东西"。

如果你对于向客户提要求很紧张犹豫，那么你信心建立的还不够。如果你缺乏信心，会让你的潜在客户认为你还没有得到承诺，或者你不相信这个承诺的价值。如果你自己都不相信你要的承诺是合适的、必要的，你的潜在客户更不会相信。

信心来自你知道自己有得到某些结果的必要知识、技巧、能力和承诺。当你知道接下来要进行哪些步骤以及它们将如何让你的客户受益，你就能自信地向客户要承诺。如果你拥有帮助潜在客户得到更好结果的技巧和能力，那么你要求下一个承诺就会自然而轻松。

在我还是个年轻人的时候,因为身体原因需要进行复杂的脑部手术。给我做手术的是最好的医生,他帮我移除了一大部分长得混乱的动脉和静脉,它们已经对我的脑部造成了一定压力。我向医生问了些问题,他沉着冷静地回答了我。他用尽量简洁的言辞告诉了我真相,包括他不知道手术之后会发生什么事情。

我问医生他能否成功移除这部分动脉和静脉,他说"可以"。我问他之前是否做过很多这类手术,他说,"数不清。"但同时,我也希望他能更健谈一些。但是他自信的语调让人对他很信任。我只能静静等待紧张未知的脑部手术的到来了。

你的理想客户最不想看到的就是一个缺乏自信的推销员来问他需要什么,而这个推销员对自己都没有信心。

你要知道,在很多情况下,如果你的潜在客户在不做出任何承诺的情况下就能得到自己想要的结果——包括改变的承诺——那么他们自己早就已经达到目的了。他们也就不需要你了,包括你卖的产品。当你不跟客户要承诺,你就是让他们继续追求自己达不到的目标。生意往往就是这样失败的。他们不会去做必要的事,也不会做需要做的改变。失败的结果就是人们会因此受伤,他们会失去自己的公司,失去自己的工作,或者他们会失去市场份额。

优秀的推销员会防止客户和公司利益受损。差劲的推销员会避免进行艰难的谈话,让潜在客户固守现状,因为这些推销员害怕进行不舒服的谈话，即使它们很必要，也害怕获得需要的承诺。

要一直清楚谁有权利签署合约

现在大家都需要达成共识才能下决定。客户团队派出一人与你交涉以求得想要的结果，但是他（她）或许有权利签署合约，也或许没有。在很多情况下，采购委员会的每个成员都有权利为购买决策投票，没有人能单独做决定。

话虽这样讲，但是仍然有人有权利签合约。你需要知道这人是谁，因为最后你会需要他来签订合同。即使此人还需要听从团队的意见，没办法否决他人的想法。

即使在一次共识销售中，还是有人"掌权"。

要关注指导方针，而不只是如何说话

你跟客户做生意时讲的话没有你的指导方针重要。

本书中教你获取承诺的例子信手拈来。你说的话很重要。说"你要怎样才愿意签订此合约"——曾经就有一位推销员这么跟我讲过——跟说"你能告诉我你的担心吗？这样我才能保证方案对你有用"，这两种表达方式达到的效果是截然不同的。你可以使用本书中的语言，你也可以改编出适合自己的版本。这些话不能替代对一些基本原则深入理解。这些原则如销售不是你对某人做的事，而是你为某人以及和某人一起做的事。

如果你想做好销售，那么首先你得成为一个值得交易的人。如

果你想努力获得承诺，回顾这些指导方针和原则，看一下你能够改变什么。

Chapter 15
如何化解客户的疑虑

你的理想客户拒绝做出你要求的承诺的原因有两个：一是因为他们的一些担心阻止他们继续前进；二是他们不相信做出承诺和改变能够为他们创造价值。

在本章中，我们会讨论你的客户害怕什么以及为什么这种害怕会让他们拒绝做出继续前行的承诺。如果你想服务客户并控制过程，那么你必须知道、了解并解决客户的恐惧。

害怕浪费时间：危险是没有了解真正的挑战和未来的机会

当客户害怕你会浪费他们的时间，你可以保证不会浪费时间，并交换一些价值，以此来打消他们的担忧。

当你的客户有此担忧时会这样说：

- 我们与现在的伙伴合作很愉快。

- 下一季度再打电话给我好吗？

- 你能发邮件告诉我具体信息吗？

- 现在时机不合适。

当你解决这些担忧时可以这样说：

- 我知道你和现在伙伴合作很愉快，我保证会尊重你们的关系。我还是想和你分享四个观点，我也想更多地了解你。如果你想要做些改变，我希望你能第一个想起我。我保证不会浪费你的时间。只要二十分钟，我会跟你分享一些有用的想法和问题，即使我们最后不一起合作。

- 我知道你接到过很多类似的电话，很难分辨哪些人值得你花一些时间，哪些人在浪费你的时间，你也不能跟每个人都见面。我保证我不会浪费你的时间，你会得到一些好想法，现在或者将来都会对你有用。我保证真的只会花二十分钟——绝不食言。我只会分享一些想法，如果日后你需要我，我也可以告诉你我对这些事情的想法。

在以上这些例子中，你努力让客户清楚你了解他们担心的根源：浪费时间。了解这些担忧并解决它们对于获得时间的承诺很有必要。

害怕讨论真正的问题：危险是会让没有解决的问题恶化

如果你想成为可信任的顾问，你必须帮客户解决那些妨碍他们得到理想结果的问题的根本原因。如果不解决这些问题，它们只会随着时间推移而恶化。

客户通常会这样说：

- 现在一切挺好的。
- 虽然事情不是很完美，但是我们目前做得不错。
- 这是个问题，但是没有事是一帆风顺的。

当你解决这种担心的时候可以这样说：

- 我不确定你是否有这种问题，但是很多跟你一样的人都很难得到想要的结果，因为正确的处理方式过去常是让客户了解他的处事方式。很少有人知道通过改变做事方式，他们可以减小挑战，得到理想结果。我能跟你谈谈该如何做吗？
- 我们发现，已经开始改变做法的公司得到了更好的成果。我猜你应该看到了这点，但是能让我分享一下怎样做对你比较好吗？

在以上例子中，我假设潜在客户不想讨论真正的问题，因为他们担心被人评论，担心自己不了解情况，或者担心问题本身。在这种情况下，你要努力保护客户的自尊和恐惧，让他们不用对你遮遮掩掩。

害怕改变：危险是会落后（或者更坏）

你会遇到一些害怕改变的客户。他们不会告诉你他们害怕改变。然后，如你所知，改变不会是他们最大的恐惧。

当你的客户害怕改变的时候会这样说：

- 我不确定现在这样做对不对。
- 我们需要时间考虑一下。
- 现在时机不合适。

为了解决这种担心你可以这样说：

- 现在可能不是改变的恰当时机。我担心的是，如果不做出改变，你的风险是可能会在领域内落后，将来再想改变就变得比较困难了。你能告诉我你准备朝此方向如何改变，以及你能怎样做吗？

害怕招来其他的持股人：危险是"没有决定"以及随着时间推移挑战会变更大

这是一个很常见的恐惧，得到此承诺的阻力就会变得很大。这会让很多人不想沟通，有效率地做好销售需要他们参与。

当你的客户害怕构建共识时会这样说：

- 我自己就可以做决定。
- 我不想让任何其他人加入谈话。
- 我有权利做决定。

当你解决此担心时可以这样说：

- 我理解你想控制主动权。我能跟你分享我的经验吗？当我们把这些会受到影响的人排除在外时，如果他们没有决策的权利，之后他们会试图阻止改变，拖慢进程。有没有办法让一些会支持的人加入，保证我们能得到他们的同意？

- 我们怎样才能让你的一些接受此次改变的同事加入来帮助我们在组织内获取支持？

- 我怕如果我们不这样做，我们本能够得到的结果将会受到很大阻力。你觉得我们应该怎么处理？

你必须让客户看到更大的危险。如果不这样做，就会发生糟糕的事。公司内部那些被遗忘的持股人会拒绝改变，或者想办法扼杀机会。或者有时候会更糟，即使你赢得了机会，却不能执行。

通过告诉客户真正的危险，你让他意识到问题，然后你可以找到办法让其他持股人加入。

害怕花了更多钱却没有得到更好的结果：真正的危险是投资不足而得不到更好的结果

人们都关心钱。如果多花了没必要的钱，他们会很焦虑。他们也怕被占便宜，除非你的价格很符合行业标准。

当你的潜在客户害怕投资更多却没有得到更好的结果时会这样说：

- 我们现在负担不起这么多钱。
- 以前别人也承诺会给我们更好的结果，但是却让我们失望了。
- 如果我们花了钱却没有得到结果呢？

解决这种担心时你可以这样说：
- 我知道这价格比你过去投资的要多。你过去没有得到想要的结果的一个原因就是我们行业的很多人都没有做出足够的投资。没有这个投资，你就不会得到你想要的结果。
- 我们现在制定的方案就需要这么多投资。你是在担心投资的金额还是结果？如果你在担心投资，我们可以重新评估一下结果，然后改变投资。如果你是在担心结果，我们百分百自信这个投资可以得到想要的结果。

如果你想要做好工作，你必须确保这个投资能够让你的团队有资源来得到你的客户需要的结果。任何人都能得到他们想要的结果，前提是他们愿意付出相应的代价。

害怕说出担心：危险是因为信息了解不足而做出不好的决定

你会发现你的很多客户会害怕说出他们的担心。他们最害怕的一件事就是必须作出决定从你那里或者别人那里买东西。他们半途而废的原因就是因为他们不想接受推销，我的意思是他们不想被逼着做决定。

当你的客户害怕说出担心的时候会这样说：

• 我们很喜欢这点。我们会仔细讨论，然后几周之后找你。

• 如果你可以给我们提供方案，我们会仔细看，等有了决定会通知你。

要解决这个担心你可以这样说：

• 我知道你想要花一点时间和你的团队讨论来达成最佳决定。我也想这样。我们发现你们团队会有一些问题和担心，如果我们在现场的话可以帮助解决这些问题和担心。我们能在会议快要结束时参与，给你们提供额外的信息吗？你们还是可以一起决定，但是我想保证在此过程中为你们服务，这样你们才可以百分百对决定放心，不管你们的决定是什么。

• 请你给我一个机会在会议结束时帮你们团队解决会议中可能会出现的任何问题和担心。依照我以往的经验，会有以前没有出现过的问题，如果我们知道是什么，可以及时解决。能给我们一个机会在会议结束时回答任何问题和担心吗？

你需要掌握主动权。你不能等着自动赢取胜利。在这个环节很容易失控——也很容易让生意失败。你必须全力以赴，特别要知道你的潜在客户在此阶段可能会作出不好的决定，因为他们有没有解决的担心。

害怕决定，因为做出承诺需要面对改变：真正的危险是不决定，然后固守无用的现状

现在大家都害怕做决定。最大的原因是你的潜在客户购买程序出现问题，很多都误认为全体一致就是达成了共识。共识不需要大家一起做出同样的决定。你的理想客户或许也会害怕决定，因为他们会担心改变很困难。

当你的潜在客户害怕做决定时会这么说：

- 现在时机不合适，我们几个月之后再看。
- 我们已经决定了目前不做任何改变。

你解决这种担心时可以这样说：

- 我知道这是一个重大的改变。我想你也知道事情不会自己变好。如果我不告诉你我的想法——现在不作为你就会浪费时间，也没办法得到更好的结果——我就没办法给你提供最好的帮助。我们能讨论一下怎样才能让你自信地做出决定吗？如果有需要的话我们能开始吗？
- 我害怕事情会随着时间发展而恶化，我想你也知道改变的必要性，要不然我们就没必要做这些工作了。我们哪里出错了？怎样做才能继续前行？我相信我们应该回顾一下，单独会见你的员工来了解他们的担心，然后做出必要的改变来让事情回归正轨。

如果你已经获得了决定的承诺之前所有需要的承诺，你可能不会经常碰到这种情况，但是有时候让客户做决定还是很难。正确的做法是获得承诺让客户回顾以往的工作，然后重新开始，大部分是在合作、达成共识或者回顾阶段。

害怕执行因为这需要进行艰难的谈话，需要付出时间和精力，也需要做出真正的改变

在有些时候，你会碰到急于改变的客户，他们签了合同之后就不做自己必要的工作来得到需要的结果。即使当你尽全力达到客户的期望、获得承诺来让他们改变，如果结果不容易达到而且大家压力比较大，最后你都可能惹得一身麻烦。

当你的客户害怕决定时会这么说：

- 我们碰到了问题。这方法不管用。
- 这就是我们担心的问题。我们得停下来回到我们以前的做法。
- 我需要取消我们的合同。

当你解决这种担心时可以这样说：

- 遇到难题在我们意料之中。我们应该把工作做得更好来让你有所准备。我们都需要做一些调整，有些会比较困难。但是我们会得到想要的结果。我这一方需要做出以下改变。我需要你的帮助，随后做出一些改变。

你或许还想说：

- 我们以前也遇到了这种情况。我可以向你保证我们能顺利渡

过难关，一切都会值得。我会现场和你一起工作，也会给予你需要的资源来克服困难。我会帮助你跟你的团队获得同样的承诺。

在《你唯一需要的销售指导》一书中，我介绍了责任的重要性。如果你想在客户需要改变的时候成为他们求助的人，而且你想要得到他们下个机会，你必须言而有信，帮他们达到承诺的结果。

这些对话都不容易，但是它们是一个分水岭，把你和那些不敢进行这些谈话、不知道真正的危险是"敲边鼓"的人区分开。

Chapter 16
管理的承诺

这是一本为销售员写的书。跟我之前的《你唯一需要的销售指导》一样,我写这本书是为了让推销员学以致用,创造机会。话虽如此,销售经理也有重要的角色需要扮演,以下十个承诺让你了解领导团队的有用方法。

成果和活动

没人想成为微观管理者,即使很少有人想为他们工作。然而,作为一个领导者你需要掌控微观层面,保证你的团队关注并生产最后要的成果。你需要团队得到的两个最重要的成果是创造机会和赢得机会。这两者都不容易达到,不付出很多的关注和精力很难获得。

创造机会首先要获得时间的承诺。你的团队没有获得此承诺和相应的机会有两大原因。首先，他们可能没有做足够的调查。如果是这样，你需要安排更多的活动，你或许可以检查他们的日程来确保他们投入了足够的时间和精力。会面不多的第二个原因是调查没有效率，这个问题更难解决。这需要教授、训练、指导和发展销售员。在两种情况下，想要赢得机会之前先要创造机会，所以获得时间的承诺对你和你的团队都是重要的第一步。

别想得罪你手下的销售员——特别是优秀的销售员——也许你在问及调查活动和会议设置时会犹豫不决。你或许可以告诉你自己不必那么直接，不用在乎你的推销员是如何达到目的的。采取这一态度是对你职责的让步。如果你的手下正在努力获得时间的承诺，失败几乎是不可避免的——而你也同样很有可能失败。招聘销售员，无视他们，然后解雇他们，用新的推销员（你同样会忽视的）来代替他们并不是培养人才的好策略。

看手下是否获得新机会的最好方式是通过一次流水线检查。这并不是通过看一笔生意来检查机会。在一次流水线检查中，你可以问销售团队的每个成员各自创造了什么新机会。你还可以问多少人定下了第一次会面，多少人把时间定在了下周。如果你不喜欢问这些问题，想想当你丢掉到手的生意时有多难受，因为你只想当个老好人。记住：如果没能领导好你的团队，你不仅会让自己失望，你也会让队员失望，如果你花时间打磨他们，很多人原本都可以发光。

拉回机会

我说的十大承诺能让你能更清楚地控制流程、预测生意。它们能让你更有远见、更加准确，因为你可以通过观察生意是不是随着承诺推进来监控流程。你还可以观察是否有推销员还没得到合适的承诺，一笔生意就"抢先进入下一步"；如果是这样，你知道将来会有问题。每当跳过一个承诺，你丢掉生意的概率就会增加。

许多人见了推销员却不做出改变的承诺，但是没有这个承诺，就没有机会。所以在机会的早期阶段，你可以问："为什么潜在客户现在改变？是什么迫使他们改变？"如果你的推销员不能告诉你合适的理由，你必须帮助他推进改变，或者他们只会浪费时间——他们自己和客户的时间。

要经常问你的推销员他们是否获得了推进机会的必要承诺。比如说，你可以问他们见了潜在客户公司里的谁。然后问你自己这些人是否能提供必要的合作。你的推销员或许只关注他在会见高管，他觉得人家能做决定，但是你知道你得首先获得合作的承诺，然后才能合作。肩并肩达成合作然后才能构建共识，否则绝好的机会就会丢失——或者被对手抢走。

推销员往往想跳到决定的承诺，或者可能会跳过此承诺，因为他们害怕被拒绝。你作为经理的职责就是让推销员致力于得到此承诺。你需要让他们按时推进，为每步做好准备，然后带着信心前行。

我们都想生意顺风顺水，然后顺利结束。这意味着我们工作优秀，也会被奖励。但是如果一个销售员跳过了任何必要的承诺，你必须把生意推回到他获得的最后一个承诺那一步。例如，如果一个推销员告诉你他没有达成合作、构建共识就陈述了方案，你必须坚持让他回去，补齐这些工作。通常都不只是推销员自己想要跳过承诺。在很多情况下，没耐心的客户或者不了解这些步骤的重要性的客户，都会让推销员跳过步骤直接前进。

我强烈要求你进行流水线检查，监督生意是按照十个承诺一步步进行的。如果有必要，不要犹豫把生意拉回去。记住：你的目标是让大家都成功，而要做到这点，你需要保证生意按照合适的进度推进、获得一个又一个承诺直到最后一个。

提升销售策略

十大承诺也需要你提升销售策略。很多时候，推销员对于重要的机会却没有打足够的电话。他们只是打一个探索电话，相信一次见面就能得到自己需要的全部信息。当联系人告诉推销员自己公司的挑战，推销员对于这些挑战认识不全面——很可能也是错误的认识。通过一次见面，推销员或许获得了潜在客户公司某一人的支持。这并不是个好的策略，你不该这么做。

当你销售时，你在试图赢得客户对你、你的公司、你的方案的青睐。折中办法和不良的销售策略和技巧不能让你达到目的。

在许多情况下，发现更多总是有好处的。有更多的持股人分享自己对问题的看法，见解就更完整。这道理很像一个老故事：说是

16 管理的承诺

印度有六个盲人都在摸一头大象，然后描述大象长什么样。一个人说大象像一个柱子；另一个人说像一根树枝；其他人觉得大象像一把扇子，一堵墙，一根烟斗。每个盲人都说出了自己的看法——他们说的都是对的，但却是不全面的。

提升你的销售策略的方法是确保有足够的发现，确保你在帮助解决正确的问题，确保你理解问题的根源。

合作和构建共识的承诺为你的潜在客户创造价值。跟你的理想客户合作来保证你的提议十分准确，能得到所有人的支持难道不是最好的办法吗？你的潜在客户帮忙设计的方案怎么可能错的了呢？

说实话，生意往往不是在会议室里赢得的。而是在你跟客户在会议室里见面之前就已经获得了。表现欲强的推销员会在会议室里侃侃而谈，向客户展示方案、提出难题。埋头苦干的推销员会努力保证在进入会议室协商之前就赢得生意，让这种展示只是走程序，而结果是必然的。

生意策略包罗万象。可能包括你如何处理你的竞争对手的低价格；可能包括你提议的方案以及你如何把它应用于实际。这些内容数之不尽，但是如果不能为你、你的公司和你的方案赢得青睐，那么这就不是好的策略。你在合作及构建共识时创造的价值就是你赢得青睐的办法。

当你花时间在试图赢得他们的心和思想的人在一起时，你会更容易达到目的。合作可以证明你把持股人的需要考虑到了。尽己所能减少你的方案中任何会给持股人团队带来的问题可以帮助你获得支持。

在机会回顾时问此类的问题："我们做了什么能够正好符合客户的要求吗？""还有谁没有参与进来？"可以让你知道在客户做决定的时候你要怎么继续进展。问问题如"购买委员会都有哪些人？我们赢得了谁的支持，没有赢得谁的？"可以让你知道你的推销员在赢得青睐的时候做的怎么样，以及他们有多大概率赢得生意。这里没有详细解释说明你还可以深挖更多。

你如果想要在每次和推销员沟通的时候改进你的生意策略，十大承诺可以让你知道如何增加你赢得生意的概率。

检验承诺

为了确保你手下的销售员在每个阶段都获得了相应的承诺，你可以问他们一些问题。在不同阶段，如果推销员回答他得到了承诺，告诉他继续进行下一步。如果没有，让他回去重新得到那个承诺。

对于时间的承诺，你可以说："告诉我你下周新安排的会面。""在过去几周中，你都安排了哪些新会面？"如果你不这样检查成果，你永远不会对你需要创造的机会有信心，你也不知道哪个销售员是否需要帮助。

对于探索的承诺，你可以这样问："客户对于你的哪些想法比较有共鸣？""他们对你的哪些见解比较感兴趣？"如果没有一些值得探索的东西，机会就会很少。销售员现在的角色成了改变代理人，你必须确保他们能够创造改变的机会。

对于改变的承诺，你可以问："为什么潜在客户必须改变？他们的动力是什么？""他们认为什么时候执行此改变比较合适？"如果没有获得改变的承诺，就不可能改变。这些问题虽然不能确保你能赢得生意，但是能够让你增强改变发生的信心。

对于合作的承诺，你可以问："为了让方案合适客户，他们需要我们做出哪些调整和改变？""为了让客户得到他们想要的，我们能做什么？"你可以这样想，如果没有做出任何改变，你很难为你的公司和方案赢得青睐。

对于构建共识的承诺，你可以问："现在购买委员会成员都有谁？""谁反对改变，理由是什么？""谁支持我们？谁支持别人？"生意越大，拥有构建共识的计划就越重要。

对于投资的承诺，你可以问："我们的提案值得客户投资更多吗？为什么？""为了得到这些结果，他们愿意投资更多吗？"如果你们还没有讨论过价格，你可以预料生意会推迟，你们可能会进行艰难的谈话。

对于回顾的承诺，你可以问："他们对此方案百分百信任吗？""我们的提议和方案他们能同意吗？""什么会让他们拒绝？"没理由给潜在客户一个他不会解说的提案。要保证你的推销员在提供提案和价格之前能让客户答应生意。

对于解决担心的承诺，你可以问："他们关心什么？""我们能给他们提供什么证据能让他们对于继续进行下一步百分百有信心？"假设客户有担心。如果客户的担心没有解决，生意就很

209

难成功。

对于决定的承诺，你可以问："你准备怎么让他们同意和你做生意？"当你问这个问题时会对听到的答案很吃惊。你有职责让你的团队成员知道如何用专业的方式让客户和他们做生意。

对于执行的承诺，你可以问："我们需要改变什么来让我们的客户得到我们承诺的结果？""他们需要改变什么？""为了做到这些，你需要我提供什么帮助？"

最后一个问题比较棘手。你问销售员的问题可能会对公司不利。这样也有好处。因为你的目标是让所有人成功，有时候这需要你帮助你的销售员从公司那里获得他们需要的东西。通过这点你可以让销售员知道你是站在他们那边，为他们的利益争取的。

培养专业的推销员

以上十个承诺可以让你窥见你的销售团队不同成员的思想和技巧。在本章中前面部分我们也涉及这一观点，但我们发现没有获得时间的承诺要么是因为活动方面的问题（调查不够）或者是效率方面的问题（没有交换足够的价值来获取客户的时间）。让我们在这里做个深入的讨论。

在发现阶段难以获得承诺，包括探索的承诺和改变的承诺，表明推销员努力想要创造改变的环境，但是或许缺少发起相关谈话的能力。这点通常是由于缺少生意眼光、自信或者只是不熟悉必要的谈话技巧（他们需要学习好的谈话的优秀之处）。知道这一点让你能够在培训时发展推销员的技巧，把他们和更熟练的销售员安排在一起工作，分配任务给他们来提升他们的生意眼光。

在获得承诺时继续前行、合作和构建共识是获得更多订单的技巧。当你看到销售员努力带领潜在客户进行合作，但是却没能构建共识，你就知道该你出手了。在这种情况下，经验是最好的老师。急需进步的销售员应该观察更成功的前辈是怎么做的，然后模仿他们的做法。你也可以教他们一些在这种情况下可以说的话，例如，"为了正好满足你们的需要，你们需要改变什么？"你还得帮助你的团队管理持股人，特别是这些你很难获得支持的人。

获得决定的承诺时使用的想法和技巧也显示更高的水准。许多推销员都到最后一刻才议价，害怕很早亮出底牌会让自己失去机会。如果情况是这样，他们需要培养分辨你的价格和潜在客户付的价格之间的差距，或者你的价格和竞争对手的价格的差距。你可以用一个方法来测试推销员，让他们进行角色表演，当潜在客户说："你的价格比你的竞争对手高出很多。"看你的推销员怎么回应，他们能否冷静地劝服客户需要付出更多的钱。如果他们表现不佳，就帮助他们一直到他们能够自信应对。

当你的销售团队不问解决担心的承诺时其实是个绝好的机会。没人告诉他们应该这样做。话是这样说，很多推销员其实都害怕问询客户的担心。但是没有解决的担心可能会让你之前做过的所有努力前功尽弃，这就是为什么你必须告诉你的手下要获得此承诺。作为他们的领导，你必须保证他们知道需要了解客户的什么担心，还有怎样帮助客户解决担心来让他们满意。每次生意都要问你的手下，客户有什么担心。如果他们回答，"没有"，问他们为什么。答案显而易见：如果他们不知道客户有任何担心，那是因为他们没有去了解。

承诺，承诺，承诺

我经常听到销售领导说他们想要"成交者"，但是这不是他们真正想要的。

他们真正需要的是一个能够教授团队如何一步步获得十个承诺的销售经理——他还要坚持大家都这样做。这样做的销售经理的团队里面大家都会做成很多生意。

Chapter 17 结束语

虽然很少有人会告诉你这个道理，但是"你是谁"比"你是干什么的"重要很多。尽管你认为潜在客户跟你买东西只是因为看中你的产品、服务或者方案的价值，但真相是你是此价值体系中更为重要的一部分。如果你不相信这个道理，那么我想让你去调查一下，每个公司里面大家都是用同样的价格卖同样的产品，面临同样的竞争挑战，但为什么很多销售员都比不上最佳销售员的成绩呢？

虽然很多关于销售的书籍都是直接告诉你该做"什么"，但是"谁"在做"什么"更重要。不幸的是，大多数销售组织都想相信"什么"最重要，因为经营一种生意意味着雇佣可以培训卖东西的人。公司在培训新人的时候，把注意力放在培训和教授产品知识和销售技巧上面。许多销售经理受财务业绩所迫，把注意力放在关注和保证生意能够成交上。他们知道他们需要指导和培养新人，但是他们的任务很多，很少能够做完。

这是我的第二本书，在《你唯一需要的销售指导》之后出版。这两本书都是教你怎么自学成为专业的销售人员。这点很重要，因为如果你想帮助理想客户成功，你必须不再认为销售是你为了自己或者公司的利益而对某人"做"的事。要想在如今的销售环境下成功，你必须相信销售是你"为"某人或者"和"某人做的事。

这意味着销售里面没有一部分是为了你自己或者你的需要。它意味着你必须从自我主义转变成为人服务，通过为你的客户解决问题来为他们创造很大的价值，成为他们可信任的顾问。当你这样做的时候，你也会得到奖励，不管是个人方面还是专业方面。

尽管我的两本书里面都介绍了很多技巧，它们都会帮助你成为一个更好的销售员，但是这两本书潜在的前提都是：如果你想得到更好的结果，你必须提升自己。做出改变并执行改变是更高层次的技巧。

商业关系很重要

技术正在改变我们做生意的方式。如果你认为我们在过去十年见证的变化是巨大的，而没有让你感到不安，那么你等于什么都没发现。我们感觉自己仿佛在全力奔跑，跟上时代，但是我们面前的东西让我们觉得自己仿佛静止不动。

17 结束语

尽管技术发展向前狂奔，整个产业正在被重新构建，我们的文化也随着技术而发展。我们的工作性质正在发生翻天覆地的改变，跟几十年前相比早已今非昔比。

生意上的一个重大改变是科技进步已经让交易变得更加快速便捷。很多能够自动化的东西正在自动化。因为我们自己就能够交易，一些人和一些公司相信他们也肯定能交易。结果，人们越来越认为商业关系不再重要。很多专家和预言家预测不久推销员就要退出舞台了，成为历史的遗迹被埋葬。

我们有些同类在荒野生存，吃蜂蜜和蝗虫，提醒这些善于纳谏的人还有另一条路可以选择——对于那些敢于踏上的人。我这样说是因为，即使技术已经在过去十年、一世纪、一千年或者更长时间，巨大地改变了我们的生活，我们还没看到任何东西可以改变人类之间的商业关系，这一点将来也不会改变。

自盘古开天地，肩负领导重任的人身边都围绕着一群可信任的顾问、参事来帮助他们做决定，引导他们走向未来。伟大的领导身边必然要有顾问帮忙做决定。当然，在一定程度上，技术会继续改变商业关系，没有价值创造的事务性的购买会变得更加事务性。然而，同时大型的、更加策略性的决定会变得更加具有策略性。

在这样的策略性未来有你的一席之地。但是为了争取自己的地位你必须变得越来越好。"你是谁"仍然比"你是干什么的"更加重要，特别是面临改变时。

销售是掌握改变主动权

销售策略经历了三大重要阶段。人们刚开始交易的时候就需要知道如何调查、展示和成交。这些是第一代的技巧，它们如今仍然很重要。当我们进入工业时代的时候，需要新的技巧，比如让你的服务与众不同，判断客户的需要，还有协商。这些第二代的技巧也很必要，但是却有不足之处。在第三代，也就是后工业时代，新的技巧应运而生。包括生意眼光，促进改变，还有领导力，因为在大型复杂、企业对企业电子商务销售中，给客户提供好的产品和服务然后掉头就走是远远不够的。很多时候，你需要让他们改变自己的做事方式，而改变总是很困难。接受改变的想法困难，同意改变困难，发起改变然后适应改变也很困难，承担这种改变更为困难。

这使你成为改变的代理人、催化剂、煽动者、鼓舞者，一位变革管理者。你在卖给客户一个更好的未来，要求他们跟过去挥别，放弃他们已知的，踏入未知。本书详细地介绍了这条道路，这也是你必须准备好要做的。简单来说，就是你该如何创造必然，区分价值。如果你的客户没有你就能得到想要的结果，他们早就这么做了。如果你的对手能够帮助客户，就不需要你了。

平等销售

你的潜在客户不需要一个阿谀奉承、胆小怕事、畏惧困难的销售员。他们也不再需要一个只会告诉他们产品或者方案的特点和好处，但是却不能跟他们进行生意谈话的销售员。在过去二十年，你

17 结束语

的潜在客户的需求已经发生巨大改变了。在某些方面，销售却没有跟上步伐。销售组织还没有把销售员培养成与客户同等的人。他们还没有把精力放在培养一个完全的生意人，一个有着远见和知识、可以服务客户的人。

知道你的方案如何解决客户的困难还不够。这只是筹码。现在你还需要发现客户还没意识到的问题。你还必须能够向客户解释能得到的更好的结果，甚至在他们还没发现这一切是真的之前。一个好的销售员如今听起来像是优秀的总经理，能够在客户公司里面工作。他们需要更有深度和吸引力。

要和客户平等相处，你还必须能够让客户改变。你必须能够发起这种改变。传统意义上这不是销售员做的事。以前，只要你的客户发现自己有问题的时候你能够为他们提供正确的解决方案就可以了。现在你必须要发现问题，创造改变的条件，提供解决方案。

与客户平等意味着你需要发起并做出改变，也意味着急需知道如何引导改变，帮助客户改变目前的做法，创造更好的结果。一个同等者不会避免和客户进行高难度谈话，如果这是创造改变必需的话。一个同等者也不会让客户避免去做能产生更好结果的事。你们必须进行转型谈话，你也必须能够帮助他们对于必须要做的事达成共识，即使有人反对这种改变。

一个可信任的顾问不会让客户走一条不通的路。一个可信任的顾问会运用自己的信任度和影响力进行高难度谈话，他们也会提供建议来帮助客户选择一条不同的路。如果你曾说过自己想成为可信

217

任的顾问和值得咨询的销售员，这就是你开始的地方。

结束语

关于销售的方方面面都有数之不尽的优秀书籍加以讲解。它们会关注某一个主题，如调查、协商、展示或者其他技巧，这些都很有用。但是因为销售的角色已经变了——而且在持续改变——将来你还会看到更多书籍介绍更为高层次的技巧，例如，成为变革管理者以及帮助你的客户在购买的过程中关注十大承诺。此书就是如此。

你在本书中学到的这些承诺都是用来帮助理想客户改变并获得更好结果的。如今最优秀的推销员——将来也同样受欢迎——是这些指导如何为客户创造改变的条件以及指导客户经历这一过程的推销员。在我们走向一个加速变革的时代，这一点会变得越来越重要。

使用本书来创造和赢得新机会。用它来帮助你的客户得到他们需要的更好的结果，在你的帮助下，他们会认为你是变革代理人和值得信任的顾问。运用此书的原则和方法来帮助你在乎的人在生命中做出改变。你在创造改变。

如果你想跟上销售中的观点和改变，我邀请你阅读我的博客（www.thesalesblog.com），加入我的周日时事通讯（www.thesalesblog.com/newsletter），你可以从中继续学习人际关系、成长和改变。你还可以在www.youtube.com/iannarino网站上观看我的每日视频博客。

你可以在推特（@iannarino）、脸书（www.facebook.com/thesalesblog）和领英（www.linkedin.com/in/iannarino）联系我。发送邮件到我的邮箱anthony@iannarino.com，跟我分享你的成功故事吧。

了解更多学习单、工作簿和额外资源，你还可以在www.thelostartofclosing.com联系我。

现在就行动，创造你的辉煌！

致谢

本书出版之时，离《你唯一需要的销售指导》出版不到十个月。我需要表达感激的人依然不变，但是我的感激之情却愈加深厚。

我一直很感谢我的妻子也是我最好的朋友，谢尔河·伊安纳里诺。当我们开始此次探险的时候你压根不知道自己将面临什么，我很感谢你对我毫无条件、一无既往的支持。

艾丹，你的成熟超越了你的年龄，你比任何同龄人都更加睿智。我很感谢你成长成现在的样子，你将来的知识水平肯定会远超我。

米娅，你外表美丽，内心善良。我很感谢你的正义感，还有你比自己想象得更加强大。

阿瓦，你是我见过最坚强、最坚定的人。我很感谢你的不屈不挠，还有你带着激情要成为的人。

母亲，没有言语能够表达我对你的感激之情，你让我成为今天的样子，感谢你为我们付出的所有，还有你对那些孩子的付出。你为我树立的榜样比任何东西都更重要。

父亲，感谢您一直信任我，还有给了我两本书，虽然我直到十三岁才开始读。

他达•拉里默、塔拉•伊安纳里诺、詹森•伊安纳里诺,还有麦克•伊安纳里诺,如果让我可以选择我的兄弟姐妹,我还是希望跟你们做同胞。

佩格•马提伟、杰夫•弗伦、布兰迪•汤普森、马特•伍德兰、贝基•库凯、罗恩•新科、凯利•斯坦得福,还有我在方案团队和全球化国际论坛的家庭成员们,感谢你们。

普特福利奥•企鹅出版社的艾德里安•扎克汉姆、威尔•魏瑟尔、考希克•维斯瓦纳特、阿丽莎•阿德勒、凯瑟琳•瓦伦提诺,感谢你们对我工作的信任,对我两本书的出版都给予了很大帮助。还有贝丝•马斯特、希瑟•梅、艾米•托宾、弗朗西斯科•拉萨罗、达米安•沃尔、大卫•加德纳、安步尔•赫斯、鲍勃•卡布卡洛、扎克•胡佛、巴里•福克斯、凯里•格林,谢谢。

兄弟姐妹生来一家,其他朋友却是自己选择的。杰布•布洛特、马克•汉特、麦克•温伯格都是我选择的朋友。我非常感激你们的友谊,还有我们之间发生的故事。

我要感谢的人还有:南森•斯派泽、帕特里克•加拉格尔、吉米•博斯蒂克、大卫•劳伦斯、史蒂夫•马尔维斯塔、杰夫•史密斯、布兰妮•弗朗西斯、史蒂夫•伯恩、特里•卡臣斯基、莎拉•吉尔博格、克里斯蒂娜•里奇、布莱恩•汤姆斯、布莱恩•亚莫维奇、比尔•普罗科特、里基·阿里欧拉、杰森·施伦科尔、丹·阿里欧拉、克里斯提娜·卡妮萨雷斯、约翰·沃特金斯、杰·希瑟、约翰·拉布罗斯、麦克·谢里丹、韦恩·德赛萨瑞、莎拉·柯蒂斯、道格·卢瑟福、里根·埃文斯、罗博·马格尼斯、朱迪·托兰、妥瑞·福罗兰丝、丹·柯万、马特·宾特里夫、香农·戴维斯、帕特里克·佛拉蒙德、吉米·玛莎、马特·斯蒂尔、凯西·鲍勃尔特、达伦·阿尔科克、约翰·帕卡里克、朱迪·博德尔特、吉米·马克斯、拉里·克莱因、史蒂夫·费泽尔。

拉哈特·兹裴、麦尔斯·奥斯汀、约翰·思朋斯、麦克·孔克尔、利恩·霍格兰史密斯、马特·海茵茨、罗里·理查德森、道格·赖斯、保尔·麦克德、蒂伯·仙托、阿伦·迈尔、鲍勃·特森、卡琳·贝兰托尼、凯利·罗伯森、托德·石妮科、艾丽斯·R.海曼、盖理·哈特、南希·纳尔丹、安迪·保尔、史蒂夫·罗森、艾丽诺·施图茨、理查德·拉夫、詹尼特·斯皮尔、戴安娜·杰瑞、德贝·卡尔福特、杰·马尔科姆、杰夫·比尔斯、吉姆·基南、巴比特·特恩、哈肯、丹·瓦尔德施密特、缇米·瓯海、凯利·里格斯、多里安·林恩、海迪、道尔·斯莱顿、李·巴特利特，还有凯利·麦考密克，感谢你们。

还要感谢道格斯·柏德特、迈克尔·弗林、唐纳德·凯利、帕里·葛白沙克、戴夫·萨维奇、安东尼·康克林、詹姆斯·卡波利、威尔·巴伦，还有保尔·威特。

最后要感谢的是大卫·布洛克、格哈德·格施万德纳、鲍勃·博格、迈克尔·博尔特、布鲁斯·特克，还有罗丽·达思卡。

肯·威尔伯，感谢你给我提供了看待问题的新角度。